Ricarda S.

SATANS-PRIESTERIN

Meine Erlebnisse
bei einer schwarzen Sekte

WILHELM HEYNE VERLAG
MÜNCHEN

HEYNE SACHBUCH
NR. 19/2011

Für G. + C.

Ungekürzte Taschenbuchausgabe
im Wilhelm Heyne Verlag, GmbH & Co. KG, München
Copyright © 1989
by Vito von Eichborn GmbH & Co. Verlag KG, Frankfurt am Main
Printed in Germany 1992
Umschlagfoto: Silvestris Fotoservice, Kastl/Obb.
Umschlaggestaltung: Atelier Adolf Bachmann, Reischach
Satz: Fotosatz Völkl, Puchheim
Druck und Verarbeitung: Ebner Ulm

ISBN 3-453-05819-4

1. KAPITEL

Bis ich fünfzehn Jahre alt war, hatte ich mit Okkultismus überhaupt nichts zu tun. Na klar, ich hatte schon mal einen »Dracula«-Film oder die »Rocky-Horror-Picture-Show« gesehen und auch schon von alten Tanten gehört, die aus der Hand lesen können sollten, aber sonst?

Angefangen hat alles in den großen Ferien auf der Achterbahn.

Meine Clique war auf der »Domkirmes«, ein gemeinsamer Ausflug. Mit der Clique haben wir so einiges angestellt. Aber auf der Achterbahn, da war plötzlich: Krischan. Er war einfach da.

Und obwohl er über zehn Jahre älter war als wir, war er trotzdem irgendwie einer von uns. Gar nicht so einer von den »Erwachsenen«. Deswegen wurde er von uns so schnell akzeptiert.

Er konnte tolle Sachen! Eine ganze Halbliterflasche Bier auf »ex« war gar nichts. Und Roth-Händle rauchte er. Und er war sogar tätowiert: Vorne aus der Hose ringelte sich eine Schlange, die bei mir immer dieses Kribbeln auslöste. Dieses Kribbeln, das so neu für mich war. Und er trug eine Hose mit Schlag. Das war modern. Dieser Schlag in der Hose ... Ein toller Kerl.

Und er kam dann auch zu unserem eigentlichen Treffpunkt, dem »Falken«-Heim in der Stettiner Straße.

Eines Tages, ich sehe es vor mir, als ob es erst heute gewesen wäre, der 1. FC hatte verloren, und Pepe war stinksauer: »Ich hab es schon vorher gewußt! Ich hab es doch schon vorher gewußt«, zeterte er dauernd, da kamen wir auf das Thema »Übernatürliches« zu sprechen. Ich meine, »wir« kamen da eigentlich gar nicht drauf, es war Krischan. Er ergriff die Gelegenheit beim Schopf, und er erzählte, daß er manchmal von Sachen geträumt hätte, die dann so auch in Erfüllung gegangen wären.

Da konnten dann fast alle mitreden, das Gefühl kannten viele von uns. Ich hatte zu meiner jüngeren Schwester immer schon ein gutes Verhältnis gehabt, und wir erzählten uns auch unsere Träume. Und wenn sie mir ihre Träume erzählte, dann hatte ich das Gefühl: Das kennst du doch! Das hast du auch schon mal geträumt!

Aber Krischan meinte, das seien die ganz normal übernatürlichen Gefühle. Plötzlich wurde er sehr geheimnisvoll: »Das ist doch längst noch nicht alles! Ich weiß noch viel mehr ...«

»Na was denn, na was denn ...«, wollten wir natürlich wissen. Und er erzählte uns von paranormalen Kräften, von Dämonen und Geistern, von Schicksalsbeeinflussung, Wahrsagerei und von spiritistischen Sitzungen.

Wir konnten uns damals zu den übernatürlichen Kräften, den Geistern und Dämonen gar nicht so recht äußern – wenn ich ehrlich sein soll, dann hat uns das eher angst gemacht. Und so versuchten wir unsere Beklemmung abzuschütteln und ulkten: »Na klar, du bist schon ein richtiger Geisterbeschwörer! Paß ja auf, sonst wachsen dir gleich Hörner ...«

Da wurde Krischan aber richtig sauer. »Ihr blöden Gören«, packte er uns zornig bei der Ehre, »ihr habt von nichts eine Ahnung und macht euch lustig über Leute, die Bescheid wissen!« Richtig giftig wurde er. So hatten wir ihn bis dahin überhaupt nicht kennengelernt. Was war denn das nur, was veränderte ihn plötzlich so seltsam? »Wenn ihr mir nicht glaubt, dann kann ich es euch auch beweisen«, meinte er gönnerhaft überheblich. »Aber daß sich anschließend niemand darüber beschwert, daß er sich vor Angst in die Buxen geschissen hat ...«

So etwas wollte sich nun wirklich niemand nachsagen lassen. Und irgendwie kitzlig war sie ja schon, diese ganze Sache. Spannend. Ganz anders als in der Schule oder zu Hause. Irgendwie abenteuerlich, spannend. Da mochte natürlich niemand »nein« sagen, im Gegenteil: »Na los doch, dann beweis uns das mal ...«

Und Krischan tat wieder sehr geheimnisvoll: »Nicht hier bei den Falken«, raunte er. »Hier sind einfach ungute Einflüsse. Wir gehen in genau« – er schaute demonstrativ auf seine Armbanduhr – »dreizehn Minuten dort in das Wäldchen.« Er blickte prüfend in die Runde: »Und wenn alle mitkommen, um so besser.«

Mir kam das damals reichlich blöde vor. Was sollte denn das? In genau dreizehn Minuten? Warum nicht gleich oder in einer Viertelstunde? Aber da war schon wieder dieses kitzlige Gefühl! Der Krischan wird sich bestimmt was dabei gedacht haben, dachte ich mir, und war wieder einfach nur gespannt. Und ihn, den Krischan, fand ich einfach nur toll ... Und ich dachte wieder an diese tintenblaue, geheimnisvolle Schlange, die ihm aus der Hose kroch ...

In diesen dreizehn Minuten, die wir warteten, passierte etwas Merkwürdiges. Also, jeder hat wohl eine eigene Methode, wie er mit Angst fertig wird. Die einen wurden schweigsam, und die anderen alberten herum. Aber es wurde nicht mehr herumgealbert wie sonst in der Clique. Ich weiß nicht wie, aber irgendwie war es anders.

Und nach genau dreizehn Minuten – ich weiß gar nicht mal, ob's stimmt, niemand außer Krischan hatte auf die Uhr geguckt – gingen wir alle, wie die Zuschauer bei einer Hinrichtung gleichermaßen ängstlich und erwartungsfroh gestimmt, in das Wäldchen an der Stettiner Straße, Ecke Danziger Straße. Ein Birkenwäldchen, das noch keinen Spekulanten gefunden hatte.

Dort angekommen, hieß uns Krischan uns im Kreis aufstellen und uns mit den Fingern untereinander einhaken und – wieder sehr geheimnisvoll – so »einen Kreis bilden«.

Wir taten das.

Eine Veränderung ging mit ihm vor. Er war zuerst nicht mit im Kreis. Er malte mit einem Stock geheimnisvolle Zeichen auf den Waldboden, murmelte Unverständliches, hakte sich plötzlich doch in den Kreis ein, fing an zu zittern, zu stöhnen, so als ringe er innerlich mit irgend jemand, dann schrie er plötzlich auf, sehr dramatisch, riß sich los und zeigte uns seine Hand: Sie war voll Blut!

Wir waren erstaunt und erschrocken. Ich kam mir vor wie im Kino. Das hatte er toll gemacht!

»Glaubt ihr mir jetzt?« rief er triumphierend.

Und so sehr wir auch das Blut abwischten und seine Hand untersuchten, eine Wunde war nirgends zu finden. Wo kam denn bloß das Blut her?

Wir haben es ein bißchen mit der Angst bekommen. Aber wir dachten bei uns, daß es auch ein Trick gewesen sein konnte. Wir hatten ja gar nicht richtig achtgegeben.

So richtig überzeugt von den Geistern waren wir noch nicht.

Krischan schien das zu spüren und sagte zu mir (zu mir!): »He, Ricky, wenn ihr noch mehr sehen wollt, dann fahr doch mal schnell nach Hause, hole ein Schreibheft und Kerzen, vier Stück, und einen Füller.«

Ich lief zurück zum »Falken«-Heim, setzte mich auf mein Fahrrad und fuhr ganz aufgeregt nach Hause, um die Sachen zu holen. Das war ein Erlebnis! Meine Mutter merkte natürlich, daß irgendwas mit mir los war, und ich erzählte ihr, daß wir im Wald eine spiritistische Sitzung abhielten, weswegen ich auch Kerzen brauchte. Sie lachte und meinte nur: »Spielt ihr mal schön ...«

Sie hielt das wohl alles für Kinderkram! Wieder mal nahm sie mich nicht ernst. So war das schon immer gewesen. Wie anders war Krischan. Der Krischan mit der Schlange auf dem Bauch. Mich hatte er gebeten, die Sachen zu holen. Er! Mich! Ich sauste mit den Sachen zurück in den Wald.

Es waren nicht mehr alle da. Krischan natürlich, aber

sonst nur noch Petra und Sabine. Die anderen waren gegangen, Krischan meinte verächtlich »weggelaufen«. Und ich war auch noch da. Krischan sollte wissen: Auf mich ist Verlaß.

Er nahm das Heft, die Kerzen und den Füller, sah mich prüfend an und sagte: »Du hast doch niemandem was erzählt?« Mir fuhr es heiß durch den Kopf: Mama. Aber ich sagte schnell: »Natürlich nicht.« Daß es meiner Mutter sowieso egal war, was ich tat, und daß ich ihr erzählen konnte, was ich wollte, sie hörte ja sowieso nicht zu, das sagte ich natürlich nicht.

Krischan wurde wieder sehr geheimnisvoll. »Wir müssen den Ort wechseln«, sagte er, »hier sind schlechte Einflüsse. Die Idioten« – er meinte wohl die anderen, die gegangen waren – »haben den Ort hier entweiht.« Ich glaubte ihm aufs Wort. Und Petra und Sabine wollten auch mitkommen.

Krischan kannte sich gut aus. Wir kamen an einem alten Bunker vorbei, und die Stimmung wurde immer unheimlicher. Krischan schwieg die ganze Zeit, und er schien genau zu wissen, wo er hinwollte. Kein Zaudern, kein Zögern, und nach ein paar hundert Metern waren wir angekommen. Er blickte sich um: »Hier sind wir sicher.« Weit und breit war keine Menschenseele zu sehen.

Krischan nahm nun das Heft und fing an zu zeichnen. Er malte ein Kreuz mit Hörnern, merkwürdigen Zeichen ringsherum, er murmelte wieder unverständliches Zeug. Augen kamen aufs Bild, geheimnisvolle Zeichen und die Anfangsbuchstaben unserer Vornamen.

Und da war sie wieder, diese merkwürdige Stimmung.

Als Krischan fertig war, legte er das Heft auf den Boden, stellte die vier Kerzen an allen vier Ecken auf. Wir mußten uns wieder einhaken, und Krischan legte los: Er ließ irgendwelche schwarzen Körner auf das Bild fallen, bewegte sich wie in Trance – den Kreis hatte er längst verlassen –, und alles ging ab wie vorhin: Er schrie wieder auf, und wieder war

Blut an seiner Hand! Diesmal ließ er es auf das Bild tropfen, nahm mich –MICH – aus dem Kreis und bei der Hand, wir setzten uns vor das Bild, und er nahm meinen rechten Zeigefinger und zog damit, den Finger mit dem Blut benetzend, das Kreuz in dem Heft nach. Ich hatte eine fürchterliche Angst! Aber ich ließ es geschehen, und während es geschah, begann ich mich immer besser zu fühlen.

Mich hatte er genommen. Er hatte genau gesehen, daß ich es war, die ihn verstanden hatte, und nicht Petra oder Sabine. Ich fühlte mich ihm so nahe, ich verstand ihn und fühlte mich von ihm verstanden. Endlich mal jemand, der mich verstand, endlich jemand, der mich ernst nahm.

Ich saß und starrte auf das Bild, Krischan war neben mir, und da war er plötzlich, dieser rote Punkt vor Augen. Ich konnte ihn deutlich sehen.

Krischan sagte zu mir: »Steh auf.«

Aber ich konnte es nicht. Eine andere Ricarda saß da, ich stand ein Stückchen neben mir und staunte über die Ricarda, die dasaß und nicht mehr aufstehen konnte.

Es ging wirklich nicht.

Ich weiß nicht mehr, wie lange ich dasaß, auf das Bild starrend, den roten Punkt vor Augen. Es kann eine Stunde gewesen sein, vielleicht waren es nur fünf Minuten, ich weiß es wirklich nicht mehr.

Irgendwann konnte ich schließlich doch aufstehen, und als ich mich umguckte, da waren Petra und Sabine verschwunden, nur Krischan war noch da. Er schaute mich prüfend an. Dann begann er leise zu sprechen. Er sagte mir, daß das, was wir gemacht hatten, keine einfache Geisterbeschwörung gewesen sei, sondern eine Anrufung Satans.

Ich war sehr erschrocken.

Er verriet mir, daß es die Kraft Satans gewesen sei, die mich am Boden festgehalten hatte, und daß Satan in mir gewesen sei. Das sei ein großes Glück für mich, denn ich hätte jetzt von seiner Existenz erfahren. Freilich sei mit ihm nicht zu spaßen. Wir seien alle seine Diener. Aber jetzt müßten wir jede Spur beseitigen.

Ich konnte noch gar nicht fassen, was mir geschehen war. Der Teufel war in mir gewesen?!

Wir verbrannten das Heft unter Krischans magischen Beschwörungen, warfen die Kerzen in alle vier Himmelsrichtungen, und Krischan überreichte mir meinen Füller:

»Ist das der Füller, den du in der Schule benutzt?« fragte er. Ich bejahte. »Du wirst von jetzt an anders damit schreiben«, hörte ich eindringlich seine Stimme. »Dieses Erlebnis wird dein Leben verändern« – er guckte mich schon wieder so komisch an –, »und dieser Füller ist das Symbol deiner Veränderung, das Symbol, daß auch du eine Dienerin Satans bist. Halt ihn fest, wenn du damit schreibst, und denke immer an die Macht Satans. Auch du bist auserwählt von ihm, auch du kannst seine Macht empfangen.«

Mag das irgendwem lächerlich klingen, es war beileibe nicht so. Ich schwankte zwischen Ungläubigkeit und Angst. Doch Krischan war sich seiner Sache offenbar ganz sicher. Ich sollte auserwählt sein!

Wir gingen zurück zum »Falken«-Heim, und Krischan verschwand.

2. KAPITEL

Ich kann die Vorgänge an jenem Tag nicht mehr in allen Einzelheiten wiedergeben, es war so unglaublich viel. Und es war ja auch unbeschreiblich. Ich hatte so viel erlebt, so viel erfahren über Dinge, die ich mir nicht erklären konnte, oder vielleicht doch?

Vielleicht war es ja wirlich SATAN?

Mir war mulmig zumute.

Als Krischan und ich auseinandergingen, war ich zuerst froh, daß ich ihn los war. Aber irgendwie fehlte er mir jetzt auch. Irgendwie war da ein Loch in mir, wenn ich an ihn dachte. Es war schon komisch: Er machte mir angst, und gleichzeitig fühlte ich mich bei ihm sicher.

Auf dem Nachhauseweg wäre ich zweimal fast überfahren worden. Ich stieg vom Rad und schob es nach Hause.

Irgend etwas war mit mir passiert, das fühlte ich deutlich. Ich wußte überhaupt nicht WAS.

Wieder befand ich mich neben mir, lief gleichsam neben mir her und wunderte mich über die Ricarda, die da ihr Fahrrad schob.

Papa war schon da, als ich ankam. Er arbeitet bei einer Versicherung als Sachbearbeiter, und er erzählte Mama ganz aufgeregt irgendwas aus dem Büro.

Ich finde meinen Vater toll, überhaupt finde ich, daß er als Sachbearbeiter völlig unterfordert ist. Er kann viel mehr als nur doofe Formulare ausfüllen. Vielleicht war er deswegen immer so unzufrieden. Ich machte mir oft Gedanken über ihn, und ich wünschte mir so, daß er mal ein bißchen mehr Zeit für mich gehabt hätte. Aber er hatte immer so viel zu tun.

An diesem Abend war mir das alles egal. Sollte er ruhig wieder mit Mama streiten, was ging's mich an. Ganz mechanisch, wie auswendig gelernt, gab ich ihm seinen Kuß, sagte »Guten Abend, Mama« und ging auf mein Zimmer.

Ich wollte allein sein.

Aber kaum hatte ich die Tür hinter mir zugemacht, merkte ich, das konnte ich nicht. Ich öffnete die Tür wieder einen Spalt, so daß ich Papa und Mama reden hören konnte. Ich hörte gar nicht zu, mir war es ganz egal, was sie erzählten, Hauptsache, sie stritten sich nicht. Es tat einfach nur gut, sie reden zu hören, zu wissen, daß sie da waren.

Meine Gedanken drehten sich im Kreis. Das soeben Erlebte ließ mir keine Ruhe. Ich war völlig aus dem Gleichgewicht geworfen. Konnte denn das überhaupt alles sein? Mein bisheriges Weltbild war völlig aus den Fugen geraten.

Krischan ... Papa ... Satan ... ich erschrak! Sollte es ihn wirklich geben? Krischan war sich seiner so sicher gewesen! Aber das konnte doch gar nicht sein.

Oder doch?

Unsere Familie war eigentlich nicht sehr religiös. Papa und Mama gingen nicht in die Kirche. Aber sie hatten mich doch taufen lassen, zum Kommunionunterricht geschickt, sogar gefirmt worden bin ich.

Warum eigentlich?

In der Schule, im Religionsunterricht, hatten wir mal über den Teufel gesprochen. Viele Leute glaubten an ihn. Viele Geschichten gab es über ihn. Ich hatte ihnen nie so richtig Beachtung geschenkt. Für das Übersinnliche hatte ich bisher gar nichts übrig gehabt. Ich kannte das ja alles gar nicht. Konnte es wirklich Geister und Dämonen geben? Aber wie kam bloß das Blut an Krischans Hand? Wie konnte er bluten, aber gar nicht verletzt sein? Das konnte doch nicht mit rechten Dingen zugehen. Und die magischen Augen kamen mir wieder in den Sinn. Diese Augen! Ich hatte schon oft von Augen geträumt. Waren das die Augen gewesen?

Der Füller fiel mir wieder ein. Der war wenigstens was Greifbares. Ich holte ihn aus der Jacke und starrte ihn an.

Ganz unschuldig sah er aus, aber war er es tatsächlich? Wenn er wirklich das Symbol dafür war, daß SATAN in mir gewesen war, konnte man ihm das ansehen? Krischan hatte gesagt, von nun an würde ich anders damit schreiben. Ich schlug ein Schulheft auf und versuchte zu schreiben. Was sollte ich schreiben? Mir fiel nichts ein. Mein Kopf war leer. Der Füller wog plötzlich schwer in der Hand. Dann schrieb ich: Krischan. Was war das denn? Ich schrieb wirklich anders damit! Die Schrift war ganz krakelig. Ich ließ den Füller fallen. Ich mußte ihn wegwerfen; aber konnte ich das? Was, wenn es stimmte, daß SATAN in mir gewesen war, es ihn also doch gibt?

Vielleicht sollte ich Papa fragen? Ich traute mich nicht. Bestimmt würde er mich wieder auslachen. Sollte ich wirklich zu Papa gehen und ihn einfach fragen: Sag mal, Papa, gibt es den Teufel wirklich?

Das ging doch nicht. Und Mama? Schon gar nicht.

Und wenn ich den Füller einfach wegschmeiße oder verbrenne? Wie verbrennt man eigentlich einen Füller? Und wie fände SATAN das, wenn ich SEINEN FÜLLER, SEIN SYMBOL dafür, daß ER in mir war, einfach wegschmeißen oder verbrennen würde?

War denn das überhaupt möglich?

Ich fühlte mich wirklich so ganz anders, seit Krischan diese Beschwörung gemacht hatte. So merkwürdig.

Der Füller brannte mir in den Händen. Weg damit! Aber wohin! Irgendwohin, wo er weg war, aber wo SATAN es mir nicht übelnehmen würde, wenn es IHN doch gab. Wo ich im Zweifelsfall sagen konnte: Ich hab ihn nur gut aufbewahren wollen.

Diese Ungewißheit war schrecklich.

Ich legte ihn ganz unten in die Kommode zwischen die Strümpfe und schob die Schublade zu.

Ich war erleichtert. Das Ding war weg.

Aufatmen.

Aber es hielt nicht lange an.

Was, wenn das nicht ausreichte, den Füller einfach so in der Schublade verstecken? Vielleicht findet SATAN ihn dort? Krischan hatte mir ja von der Macht SATANS erzählt. Und was mach ich bloß dagegen? Und was hieß eigentlich »SATANS Macht empfangen«? Bedeutete das nun etwas Gutes, oder war das eine böse Sache? Dazu hatte Krischan nichts gesagt. Plötzlich fühlte ich mich von ihm allein gelassen. Richtig wütend war ich auf ihn.

Papa rief mich zum Abendessen.

Abendessen! Ich konnte doch jetzt nichts essen!

Wie gerne hätte ich mich meinen Eltern anvertraut. Aber ich konnte ihnen doch nicht erzählen, daß ich darüber grübelte, ob es ausreichte, den Füller in der Kommode zu verstecken, oder ob SATAN ihn dort womöglich fand. Und was man gegen SATAN macht, wenn ER kommt.

»Ricarda!« Papa wurde ungeduldig.

Ich kam in die Küche, alle saßen schon am Tisch, meine kleine Schwester hatte gerade ihren Kakao umgestoßen, und Mama schimpfte mit ihr. Das tat mir gut. Das war eine vertraute Atmosphäre. Es gab Pfannkuchen. Ich setzte mich.

Aber ich kriegte keinen Bissen runter. Ich starrte vor mich in. »Iß, Kind, sonst wird dein Pfannkuchen kalt.« Was konnte Mama nerven. »Ja, ja«, hörte ich mich sagen. Ich aß trotzdem nichts, sondern starrte vor mich hin. Jetzt wurde sogar Papa aufmerksam: »Was ist denn bloß los mit dir, Ricarda?«

Ich schluckte: »Nichts ...«

Papa guckte Mama an: »Ich glaube, mein kleines Mädchen ist verliebt«, spottete er.

Papa! Das war zuviel! Ich sprang auf, rannte auf mein Zimmer und knallte die Tür zu. Wie konnte Papa nur! Er mußte doch wissen, daß ...

Und dann war sie wieder da, diese Angst!

Wenn ich wenigstens gewußt hätte, wovor. Aber das war ja das Furchtbare! Es war einfach nur Angst.

Angst.

Angst.

Angst.

Ich zog mich aus und legte mich ins Bett. Vielleicht ging alles vorbei, wenn ich mich ins Bett legte und einfach abwartete. Ich lag und wartete. Ich wartete noch mehr. So heftig hatte ich noch nie gewartet.

Aber was nicht wegging, war die Angst.

Ich stand auf, zog mir meinen Bademantel an und ging auf die Toilette. Papa und Mama waren im Wohnzimmer, der Fernseher lief. Das tat gut. Ich versuchte hinzuhören. Es lief »Was bin ich?« mit Robert Lembke. Das durfte nicht wahr sein! Ausgerechnet »Was bin ich?« Und wenn das nun ein Zeichen war? Von IHM Unsinn! Ich ging wieder auf mein Zimmer. Ich legte meine Lieblingsschallplatte auf: ABBA Für Momente war ich abgelenkt. Bald jedoch ertappte ich mich wieder, daß ich grübelte: Was die da singen, vielleicht meinen die dich? Textfetzen verstand ich ja. Unsinn. Nein. Das konnte doch nicht so weitergehen. Ich mußte mich ablenken. Aber mir fiel nichts ein. Meine kleine Schwester war schon schlafen gegangen. Wieder war ich ein bißchen mehr allein. Wie spät war es eigentlich? Ich hatte mein Zeitgefühl ganz verloren. Petra und Sabine! schoß es mir durch den Kopf. Warum sind sie abgehauen? Wäre ich doch auch bloß gegangen. Warum bin ich nur dageblieben? Krischan. Das Blut. Es war zum Verzweifeln. Jetzt hörte ich, daß der Fernseher ausgemacht wurde. Wenn die jetzt auch noch weg sind ...

Aber es war nur Mama. »Gute Nacht, Kind«, rief sie durch die geschlossene Tür. Typisch Mama. Wo war Papa? Bestimmt geht er jetzt wieder, ohne mir gute Nacht zu sagen, einfach ins Bett. Ich wartete. Nichts. Nichts!

Ich hätte schreien können.

Ich legte mich wieder ins Bett. Schlafen, dachte ich, schlafen! Bloß einschlafen, und wenn du morgen aufwachst, ist alles vorbei. Alles vorbei! Und wenn ich sterbe? Dann ist alles vorbei. Wenn ich jetzt einschlafe, dann sterbe ich. Ich machte die Augen fest zu und zog mir die Decke über den Kopf. Nur jetzt nicht einschlafen. Ich lag neben mir und überlegte. Steh auf, Ricarda, sagte ich zu mir, wenn du nicht einschlafen willst, dann steh auf. Aber ich konnte nicht. Es war wieder wie am Nachmittag. Da konnte ich auch nicht aufstehen. Und wenn das wieder die Kraft SATANS war?! Ich hörte Geräusche in der Küche. Da lief jemand auf der Eckbank. Es knarrte so komisch. Wenn ich jetzt die Augen aufmache, dann sehe ich IHN. Ich wollte nicht. Ich wollte doch nicht. Wenn ich jetzt den Füller verbrenne ... Aber an den kam ich nicht mehr dran. Da hätte ich aufstehen müssen. Meine Gedanken jagten sich im Kreis, es war furchtbar.

Irgendwie muß ich dann doch eingeschlafen sein, anders kann ich es mir nicht erklären, daß ich aufgewacht bin.

Ich wachte auf, und es war naß. Es war überall naß. Ich überlegte. Was ist, wenn ich jetzt die Augen aufmache? Wieso war ich so naß? Nein, ich hatte nicht ins Bett gemacht. Am ganzen Körper war ich naß. War es Schweiß? Aber so kann man doch nicht schwitzen. Siedendheiß ging mir durch den Kopf: Und wenn das Blut ist? Vielleicht liege ich hier in meinem eigenen Blut? Ich tastete mich ab. Einfach alles nur naß. Naß und kalt. Kalt und naß. Ich könnte doch einfach das Licht anmachen und nachsehen. Aber was ist, wenn alles rot ist? Alles rot von Blut? Das wollte ich nicht sehen. Die Gefahr war mir zu groß. Lebte ich überhaupt noch? Wie ist das, wenn man tot ist? War ich tot? So viel Blut überall!

Wie ich diese Nacht überstanden habe, weiß ich nicht mehr.

Als ich wieder zu mir kam, war es hell draußen, und die Sonne schien.

Gott sei Dank, die Sonne schien!

Ich war noch nie so froh, die Sonne scheinen zu sehen. Hell kam sie in mein Zimmer geflossen und brachte Licht ins Dunkle.

Und die Angst schmolz dahin.

Wie Schnee in der Sonne.

Hoffentlich.

3. KAPITEL

Na, was ist denn mit dir passiert?« empfing mich meine Mutter am Frühstückstisch. »Du siehst aus, als hättest du kein Auge zugetan.«

»Ooch, es ist nichts ...«, versuchte ich abzulenken. Mama lächelte nachsichtig und schwieg.

Ich ärgerte mich. Was wußte sie denn schon.

Trotzdem. Immerhin hatte sie was bemerkt. Verflixt, bestimmt glaubt sie auch, was Papa gesagt hat. Ich und verliebt! Schön wär's.

Aber mit ihr kann ich über so was sowieso nicht sprechen, und über die letzte Nacht schon gar nicht.

Kinderkram.

Aber mir geht es schon erheblich besser. Ganz verschwunden ist die Angst noch nicht, aber ich bin nun zuversichtlich. Ich werde gleich zum »Falken«-Heim gehen. Vielleicht treffe ich ja Petra oder Sabine, vielleicht auch beide. Oder Kalle kommt vorbei. Kalle. Mit dem habe ich letzte Woche Schluß gemacht. Zum zweiten Mal. Ich bin nicht verliebt.

Ich meine, wenn schon, dann nicht Kalle.

Und in einer Woche fahren wir für drei Wochen mit der »Falken«-Gruppe nach Österreich. Da gibt es ja auch noch einiges zu regeln, und das lenkt ab. Vielleicht kann ich ja mit Angelika oder Hannes reden. Die beiden sind die Leiter der »Falken«-Gruppe. Die sind nicht so wie meine Mutter. Die haben bestimmt mehr Verständnis.

Doch was mache ich, wenn Krischan wieder auftaucht?

Ich weiß es nicht.

»Ricarda«, holte mich Mama aus meinen Gedanken, »gestern abend hast du nichts gegessen, jetzt iß wenigstens ein Brötchen. Und den Kaffee trinkst du auch besser, solang er noch heiß ist.« Und dann, mit einer merkwürdigen Mischung aus Verständnis, Mitleid und Belustigung: »Muß Liebe schön sein.«

Ich hatte keine Lust mich aufzuregen, und deshalb ließ ich es. Ich aß artig mein Brötchen (gutes Kind!), trank meinen Kaffee, sagte tschüs und zog ab.

Ich holte mein Fahrrad aus dem Keller und fuhr zum »Falken«-Heim. Eigentlich war es noch viel zu früh, aber ich hatte keine Lust, mit Mama und meiner kleinen Schwester zu Hause herumzusitzen. Und vielleicht war Krischan ja schon da.

Da war wieder dieses merkwürdige Kribbeln. Ich wollte ihm sagen, was mit mir passiert war letzte Nacht. Und da fiel mir der Füller wieder ein. Was war denn jetzt damit? Also, so eine Nacht wollte ich nicht noch einmal erleben. Krischan mußte doch irgendwas wissen, was man gegen diese entsetzliche Angst tun konnte.

Was mache ich bloß, wenn er nicht kommt? Wo wohnte er eigentlich? Anscheinend wußte das niemand.

Bis zum Mittag war niemand gekommen. Irgendwie unheimlich. Hatte das was zu bedeuten? Vielleicht war ich ja der Grund, daß niemand kam. Vielleicht waren Petra und Sabine gekommen, hatten mich gesehen und waren wieder umgekehrt. Vielleicht hatten sie beide ebenfalls so eine schreckliche Nacht hinter sich bringen müssen?

Langsam kroch die Angst wieder in mir hoch.

Das darf doch nicht ... Nein. Da mußte es doch eine Erklärung geben. Das muß mir Krischan doch ...

Aber verflixt. Der hatte mir die Angst gemacht. Warum war ich eigentlich nicht sauer auf ihn?

Vielleicht sollte ich wieder nach Hause fahren? Aber allein der Gedanke an die ungemütliche Atmosphäre zu Hause hielt mich schon ab. Nur, wo sollte ich hin?

Dann, so gegen drei, kam doch noch jemand. Kalle. Ausgerechnet Kalle. Einen Moment lang war ich versucht wegzulaufen. Ihn wollte ich nun überhaupt nicht sehen. Er ging mir auf die Nerven mit seinem Liebesgetue.

Aber besser, als jetzt allein zu sein.

»Hallo, Ricky«, begrüßte er mich überschwenglich, »schön, dich zu sehen.«

Ich verstehe so was nicht. Ich habe ihm doch letzte Woche gesagt, daß es aus ist. Schon das zweite Mal. Vor ein paar Monaten hatte ich es ihm bereits einmal gesagt. Vielleicht war es doch ein Fehler gewesen, noch einmal mit ihm zu gehen. Aber diesmal war es endgültig aus, bestimmt.

Also für mich keine Gefahr mehr.

»Hallo, Kalle.« Es muß wohl irgendwie müde geklungen haben, denn er fragte mich gleich besorgt: »Geht's dir nicht gut?«

Fast hätte ich ihm das über gestern und die letzte Nacht erzählt, aber was ging's ihn an? Vielleicht bildet er sich dann ein, den »Retter« bei mir spielen zu können. Dabei wollte ich gar nicht gerettet werden. Und schon gar nicht von Kalle. Ich ließ die Eiskalte raushängen: »Wie es mir geht, das ist wohl mein Problem.«

»Jetzt sei doch nicht gleich eingeschnappt«, meinte er. »Ich hab mir nur gedacht, du siehst aus, als könntest du ein bißchen Aufmunterung brauchen. Du weißt doch, es ist nicht böse gemeint, wenn ich das sage.«

Das mit der Aufmunterung stimmte. Verflixt, das war das Komische an Kalle. Der merkte immer gleich, wenn was los war mit mir. Und genau deswegen ging er mir auf die Nerven. Immer rückte er mir so nahe auf die Pelle. Ich mochte das nicht.

»Hör mal, Kalle«, sagte ich, »ich habe dir letzte Woche gesagt, daß es aus ist. Ich will nicht. Von mir aus können wir ja Freunde bleiben. Aber misch dich nicht bei mir ein.«

»Ist ja schon gut«, meinte er. »Wo sind eigentlich die anderen?«

»Keine Ahnung«, sprudelte ich los. »Den ganzen Vormittag warte ich schon. Sag mal, weißt du vielleicht, wo der Krischan wohnt?«

Kalle überlegte. Der merkt aber auch gar nichts, dachte ich nur. Blödmann.

»Nee du, ich weiß es auch nicht.«

Die Unterhaltung geriet ins Stocken. Wo Krischan nur blieb? Ich hatte keine Lust mehr, gemeinsam mit Kalle nicht mehr zu wissen, was man sich nicht sagen wollte.

Vielleicht fahre ich einfach zu Petra, dachte ich mir.

»Hör mal, Kalle, ich muß mal eben wohin. Ich weiß nicht, wie lange es dauert, aber wenn du Lust hast, kannst du ja hier auf mich warten.«

Ohne die Antwort abzuwarten, stieg ich auf mein Fahrrad und fuhr los. Petra wohnte in der Hermannstraße, keine zehn Minuten weit. Ich schaffte es in höchstens fünf.

Aber Petra war nicht da. Sie sei zu Sabine gegangen, meinte ihre Mutter. Das hätte ich mir denken können. Ich war ganz schön durcheinander.

Also zu Sabine.

Sabine und Petra waren nicht besonders glücklich, mich zu sehen. »Was willst du denn hier«, fragte Sabine. »Ich hab gedacht, du hast jetzt'n neuen Freund ...« »Und was für einen«, meinte Petra spitz. Ihnen machte die Beschwörung im Wald wohl ebenfalls zu schaffen. »Ich weiß gar nicht, was ihr wollt«, wehrte ich erst mal ab. »Warum seid ihr denn abgehauen?«

»Das fragst du noch?« Sabine war richtig wütend. »Dieser Tickmann hat'se doch nicht alle. Kleine Mädchen erschrecken, das macht ihm wohl Spaß!«

Für einen Moment lang schwankte ich. Das war doch eine gute Gelegenheit, den beiden zu zeigen, daß ich kein kleines Mädchen mehr war. Schließlich war ich dageblieben. Ich war nicht weggelaufen!

Andererseits, so richtig glücklich war ich ja nun nicht darüber. Und erst die letzte Nacht!

»Wie habt ihr denn geschlafen?« fragte ich.

»Hör bloß auf«, ranzte Petra mich an, und Sabine fügte hinzu: »Diese ganze Geisterscheiße kannste in der Pfeife rauchen. Wozu das man gut sein soll. Ich hab kaum ein Auge zugetan.«

»Also, ich hab auch nicht schlafen können«, entschied ich mich. »Ich hab die ganze Nacht eine furchtbare Angst gehabt.«

Wie sehr ich gezittert hatte und daß ich jemanden (IHN!?) auf der Küchenbank hab marschieren hören und daß ich Sorge hatte, in meinem eigenen Blut zu liegen, das mochte ich den beiden nun doch nicht erzählen.

»Also, der Krischan ist für mich gestorben«, giftete Petra. »So ein Arschloch«, fiel Sabine ein, »was denkt der sich eigentlich. So was macht man doch nicht.«

Aha. Beiden war genausowenig geheuer wie mir. Und wieder war dieses Kribbeln da.

»Was glaubt denn ihr«, hörte ich mich sagen, »glaubt ihr, daß es SATAN gibt?«

Petra und Sabine sahen sich an. »Paß mal auf«, sagte Petra dann, »das beste wäre, wir vergessen das alles ganz schnell.« »Genau«, pflichtete Sabine ihr bei, »ich hätte mir beinahe vor Angst in die Hose gepinkelt. Wieso bist du denn nur dagebliebn?«

Die beiden hatte es also voll erwischt! Irgendwie schön, daß ich nicht mehr alleine war mit meiner Angst. Aber da war sie trotzdem. »Ich weiß es auch nicht«, hörte ich mich sagen, »aber ich konnte einfach nicht weg.«

»Jedenfalls ist es vorbei«, redete Petra sich ein. »Und ich will nichts mehr davon hören.«

»Genau«, stimmte Sabine ihr zu, »laß uns von was anderem reden.«

Gerade das wollte ich aber nicht. Ich mußte es doch irgendwie loswerden. »Ihr seid zwei ganz blöde Gänse!« schrie ich sie an. »Und feige seid ihr auch noch!«

Stand auf, knallte die Tür hinter mir zu, schwang mich wieder aufs Fahrrad und fuhr zurück zum »Falken«-Heim.

Kalle war noch da. Aber kein Krischan.

»Hallo, Kalle, ... sag mal, war der Krischan da?«

»Nee, war er nicht. Sag mal, hast du was mit dem?«

Was ging das ihn an! Und überhaupt wollte ich mit ihm nicht reden. Aber was sollte ich machen? Krischan war nicht da, Petra und Sabine – ging nicht mehr. Wo die anderen waren, wußte ich nicht. Mit Kalle dableiben wollte ich auch nicht. Mir blieb nichts anderes übrig, als nach Hause zu fahren.

»Ich wollte dir nur Bescheid sagen, daß du nicht länger auf mich warten sollst, Kalle. Ich fahre jetzt nach Hause. Tschüs!«

Und ließ ihn stehen.

Zu Hause war niemand. Das war mir erst mal ganz recht. Ich ging auf mein Zimmer und machte das Radio an. So ein bißchen Geräusch im Hintergrund hilft manchmal. Ich hatte nicht mehr das Gefühl des Alleinseins. Ich weiß auch nicht mehr warum, aber plötzlich mußte ich mich vergewissern, ob ich wirklich allein war, und ging durch die Wohnung. Niemand da. War da nicht gerade ein Geräusch im Badezimmer?

Doch, ganz deutlich. Ich hatte Angst, nachzusehen. Ricarda, sagte ich zu mir, du bist ein großes Mädchen, du brauchst keine Angst zu haben. Ich raffte mich auf. Ich machte die Tür zum Badezimmer auf ging hinein und – nichts. Gar nichts. Erleichterung. Aber warum war ich erleichtert? Das konnte doch nicht sein, daß ich mich jetzt schon erleichtert fühlte, wenn im Badezimmer alles so wie immer war. Was war nur mit mir los?

Und da rappelte es an der Wohnungstür. Um Himmels willen! Wenn ER das jetzt ist!

Ich blieb im Badezimmer und rührte mich nicht. Wieder stand ich neben mir und sah eine Ricarda, schlotternd vor

Angst. Wieder dieses Gefühl, im Kino zu sein. Das mußte doch einfach mal aufhören.

»Ricarda?«

Es war Mama. Ich drückte schnell auf die Wasserspülung und antwortete: »Was ist denn, Mama,«

»Ich bin gerade vom Einkaufen zurück. Papa hat angerufen, er kommt später. Und Sylvia ist bei Röttgers, sie schläft heute nacht bei ihrer Freundin.«

»Ja, Mama«, hörte ich mich sagen. Sie ging mir auf die Nerven. Was interessierte es mich, wo meine kleine Schwester war? Ich verließ das Badezimmer.

»In einer halben Stunde gibt's Abendessen«, sagte Mama.

Abendessen.

»Ich hab sowieso keinen Hunger.«

»Papa kommt später«, sagte Mama noch mal. »Und wo Sylvia bei Röttgers schläft und Papa spät kommt, hab ich mich mit Frau Schneider verabredet. Wir gehen zusammen ins Kino, und hinterher wollen wir noch was unternehmen.«

»Ist gut, Mama.« Das auch noch. Dann war ich wieder allein, den ganzen Abend. Und diese Geräusche überall.

Ich habe dann doch mit Mama zu Abend gegessen. Das heißt, ich habe irgendwas heruntergewürgt. Als Mama gegangen war, habe ich Papas besten Cognac genommen und mich total betrunken.

Ich wollte so eine Nacht nicht wieder erleben. Wieder schweißgebadet aufwachen, voller Angst, in meinem eigenen Blut zu liegen. Geholfen hat es nichts. Oder doch. Ich bin wenigstens schnell eingeschlafen. Dafür bin ich ziemlich früh aufgewacht, so gegen fünf Uhr morgens. Und wieder schweißgebadet. Und wieder war diese furchtbare Angst da, in meinem eigenen Blut zu liegen. Und wieder achtete ich auf jedes Geräusch, in der Angst, es könnte SATAN sein.

Ob es ihn wirklich gab? Natürlich gab es ihn. Ich konnte doch nicht Angst vor etwas haben, das es gar nicht gab. Und ich hatte entsetzliche Angst. Folglich mußte es ihn auch geben. Krischan! Du mußt mir helfen! Ich kann mit dieser Angst nicht leben!

Der Füller!

Ich konnte einfach nicht mehr. Er mußte weg. Ich nahm den ganzen Mut meiner Verzweiflung, zog mich an, nahm den Füller aus der Kommode, wickelte ihn in eine Plastiktüte und vergrub ihn im Garten.

Als ich wieder in der Wohnung war, fühlte ich mich besser. Wenn der Füller SATAN rief, dann landete er im Garten.

Ich mußte Krischan finden. Ich kann nicht immer mit dieser Angst leben. Er wußte bestimmt, was man dagegen tun konnte.

Mir brummte der Schädel.

Bei meinen Eltern klingelte der Wecker. Zähneputzen, Frühstück, die Morgenzeremonie.

Um neun ging ich dann zu unserem Treffpunkt am »Falken«-Heim.

Krischan wartete schon.

Ich hätte laut schreien können. Ich lief zu ihm und wollte ihn umarmen, aber er guckte ganz seltsam, so cool, so abwesend. Dann wandte er sich mir zu: »Na, wie geht's?« Er sah mir in die Augen. Dieses Kribbeln. Und ich hatte keine Angst mehr!

»Krischan, du glaubst nicht, was mir passiert ist. Ich kann schon gar nicht mehr schlafen. Ich hab solche Angst gehabt.«

»Ich wußte es, du hast auch die Kraft. Du hast die Macht SATANS gespürt. Er hat dich nicht schlafen lassen, stimmt's?« Ich nickte. »Aber du mußt vorsichtig damit sein.« Krischan war wieder so geheimnisvoll.

»Ich hab so schreckliche Angst gehabt!«

»Ich habe hier auf dich gewartet«, sagte Krischan. »Ich möchte, daß du mit mir kommst, ich möchte dir was zeigen.«

Natürlich wollte ich mitkommen. Krischan setzte sich

hinten auf mein Rad. Es muß komisch ausgesehen haben, wie wir beiden da durch die Gegend gefahren sind, aber mir war das egal.

Er wohnte in Fühlingen, im sechsten Stock einer Mietskaserne.

Wir fuhren mit dem Aufzug hoch. Das Fahrrad mußte ich mitnehmen, Krischan meinte, dort würde alles geklaut, was nicht niet- und nagelfest wäre. Und tatsächlich sah alles dort sehr ungemütlich aus. Das Treppenhaus war völlig demoliert. Klingeln gab es wohl keine, aber mir war's egal. Krischan war ja da.

Oben angekommen, schloß er die Tür auf, und ich kam mir vor wie in einer anderen Welt. Ich war sehr beeindruckt. So eine Wohnung hatte ich noch nie gesehen. Alles sah aus wie frisch ausgepackt und noch nicht richtig eingeräumt. Ungemütlich. Kalt. Aufgeräumt und doch durcheinander. Was da alles herumlag! Ein Totenschädel, Peitschen, ein großes Kreuz hing an der Wand, allerdings falsch herum, ein Poster von Karl Marx und ein Papstbild mit herausgeschnittenen Augen und lauter magische Gegenstände. Und eine große Matratze lag auf dem Fußboden, bezogen mit schwarzer Seidenbettwäsche, und vier große Kerzenständer, an jeder Ecke des Bettes einer.

Wahnsinn.

Krischan drehte sich zu mir um und sah mich an. Lange. Dann sagte er zu mir: »Zieh dich aus.«

Mehr nicht.

Ich hatte noch nie mit einem Mann geschlafen. Klar, so rumgeknubbelt und auch rumgeknutscht. Und Kalle hatte mir mal zwischen die Beine gefaßt. Aber das war mir eher unangenehm gewesen.

Bei Krischan war das anders. Diese Schlange! Und der wußte auch, was er wollte! Mir wurde ganz anders. Er sah mich immer noch an. Und schon wieder stand ich neben mir. Und ich sah, wie diese Ricarda sich auszog. Richtig auszog,

27

bis sie nackt vor Krischan stand. Der ließ sie stehen, sagte merkwürdige Sachen, die sie nicht verstand, und zündete die vier Kerzen am Bett an. Ricarda stand immer noch da. Krischan ging um sie herum, sagte wieder etwas, das sie nicht verstand, und schob sie auf die Matratze zu. »Leg dich hinein«, sagte er. Sie tat es. Er nahm die Bettdecke und legte sie zur Seite. »Streck Arme und Beine zu den Kerzen«, hörte Ricarda ihn sagen. Sie tat es. Dann zog auch er sich aus. Und dann stand er vor ihr. Sie guckte wie gebannt auf die Schlange. Aus dem Wald seiner Schamhaare ringelte sie sich hoch. Tiefblau schimmerte sie, eintätowiert. Sie konnte die Augen nicht davon lassen, Krischan bemerkte es. »Die Schlange ist das Symbol SATANS«, sagte er. Er holte eine Peitsche und zeigte sie ihr. »Wie diese Schlange.« Und er schlug zu. Er schlug nicht sie, er schlug sich, dreimal auf den Rücken. Dann rieb er sich den Schwanz und sagte wieder: »Die Schlange ist das Symbol SATANS«, und dann stand er. Er stand steil nach oben, so daß Ricarda die Schlange kaum noch sehen konnte. Sie war erschrocken: Wie groß er war. Und dann kam er. Er legte sie sich zurecht, er legte ihre Arme in die Richtung der oberen Kerzenständer, spreizte ihr die Beine, spuckte auf ihr Geschlecht, legte sich auf sie, suchte mit seinem Schwanz die richtige Stelle und drang mit einem einzigen gewaltigen Stoß in sie ein.

Der Schmerz war unbeschreiblich.

Ricarda schrie auf. Aber Krischan stieß immer und immer wieder zu. Ricarda war dem Wahnsinn nahe. Sie fühlte nur noch: Schmerz. Schmerz. Schmerz. Schmerz. Schmerz. Schmerz. Schmerz. Schmerz. Schmerz. Schmerz. Schmerz. Schmerz. Schmerz. Schmerz. Schmerz. Schmerz. Schmerz.

Dann war es vorbei.

Krischan rollte von ihr runter, und sie griff sich zwischen die Beine. Wie um eine offene Wunde zu bedecken. Es war alles naß. Aber was war das? Sie hob ihre Hand, und sie bebte: Blut! Es war Blut. »Krischan«, schrie sie, »es ist Blut!« Ihr

Alptraum war Wirklichkeit geworden: Sie lag in ihrem eigenen Blut. Und Krischan, war er SATAN? »Krischan«, erschauerte sie, »bist DU SATAN!??«

Krischan öffnete müde die Augen. »Nein«, sagte er, »ich bin nicht SATAN, aber ich bin sein Priester.« Und er griff ihr zwischen die Beine, benetzte seine Hände mit Ricardas Blut, strich ihr damit über den Bauch, über die Wangen und über die Stirn und sagte: »Das war ein Dienst an SATAN. Auch du bist jetzt auserwählt. Du wirst lernen, SATANS Macht zu gebrauchen. Und wenn du IHN brauchst, um SEINE Macht zu benutzen, dann rufe IHN. SATAN kommt nur, wenn man IHN ruft. ER kommt in vielen Gesichtern, in vielen Gestalten, du mußt lernen, IHN zu erkennen. Und wenn du das kannst, dann hast du SEINE Macht, und du wirst nie wieder Angst haben. Du wirst anderen Angst machen und auf diese Weise große Macht ausüben können: die Macht SATANS. Du bist auserwählt, denn du bist auch ein Medium, enttäusche IHN nicht.«

»Ach, Krischan«, wollte sie sich an ihn schmiegen. Er stieß sie wie angeekelt zurück.

»Liebe ist krank«, sagte er abweisend. »Sie ist gegen den Willen SATANS. Was SATAN will und von uns fordert, das ist der Haß. Das, und nur das, ist das einzige ehrliche Gefühl.«

Ihr schwindelte.

»Und jetzt geh«, sagte er. »Geh ins Bad und wasch dich. Und dann laß mich allein.«

»Aber Krischan ...«, stammelte sie.

Er konnte sie doch jetzt nicht einfach wegschicken!

Er konnte doch.

Sie ging ins Bad und wusch sich die schmerzende Scham, Gesicht, Bauch, alle blutverschmierten Stellen. Wie in Trance. Sie zog sich an, wollte ihn zum Abschied küssen, doch er stieß sie wieder zurück.

Sie nahm ihr Fahrrad. »Wann sehen wir uns wieder?« fragte sie. »Ich weiß es nicht«, kam die Antwort.

»Ich wollte doch nach Österreich in die Ferien fahren, kann ich das denn jetzt?«

»Fahr nach Österreich, fahre wohin du willst. Dann komm wieder. Und jetzt geh!«

Sie bugsierte ihr Fahrrad in den Aufzug und fuhr hinunter. Sie mußte die ersten hundert Meter wieder schieben.

Irgendwie kam sie nach Hause.

Sie legte sich ins Bett und zog die Decke über den Kopf. So allmählich kam ich wieder zu mir.

Mir ging alles noch einmal durch den Kopf. Hatte ich nur geträumt? Ich schwankte, aber da war die brennende Scham, es hatte so höllisch weh getan. Kein Zweifel also. Oder doch? Nein!

Krischan war ein toller Kerl. Aber daß er mir so weh getan hatte! Vielleicht war das aber so. Vielleicht stehen in den Zeitungen und Büchern ja nur Lügen über die Liebe. Krischan hatte gesagt, Liebe sei eine Krankheit, das einzige wahre Gefühl sei der Haß. Und was, wenn es stimmte? Kalle hatte mir mal vorgeworfen, ich könne gar nicht lieben. Und deswegen hatte SATAN mich auserwählt!

Liebe! Wo gab es die schon. Ob Papa Mama liebte? Ich glaube nicht. Wenn ich's recht überlege, wenn Papa und Mama sich wieder gestritten hatten und ich konnte hören, was sie dann im Schlafzimmer machten, sollte DAS etwa »Liebe« sein?

Mich fröstelte.

Vielleicht bin ich heute erwachsen geworden, dachte ich mir. Heute hat mir Krischan gezeigt, wie das ist. Es war schon gewaltig gewesen. Und daß er mich weggeschickt hatte, vielleicht war das gut. Er war mir so überlegen, da machte es mir nichts aus. Ich fühlte mich von ihm benutzt, aber er, er durfte mich benutzen. Auf ihn hatte ich gewartet, auf ihn.

Kalle.

Ich hatte ihn immer vertrösten müssen. Ich hatte ihm erzählt, daß ich den neuen Menschen suche. Daß er ja ein feiner Kamerad sei, aber ich könne ihn nun mal nicht total lieben. Vielleicht finde ich ihn nie, habe ich mir damals gesagt, aber jetzt, jetzt hatte ich ihn gefunden.

Und Angst hatte ich nun auch nicht mehr. Nicht mehr viel. Jetzt mußte ich nur noch die Fahrt nach Österreich überstehen.

Dann konnte ich ihn wiedersehen.

Krischan.

4. KAPITEL

Abends war sie dann wieder da, die Angst. Ich lag unter der Bettdecke, hatte sie hochgezogen bis über den Kopf und schwitzte.

Daß man so schwitzen kann.

Wie gerne wäre ich jetzt bei Krischan gewesen. Aber er hatte ja gesagt, erst nach Österreich dürfe ich wiederkommen.

Doch irgend etwas mußte ich gegen diese Angst tun. Morgen spreche ich mal mit Angelika oder Hannes. Ich brauche ihnen ja nicht gleich alles zu erzählen.

Der Füller! Ich hab Krischan gar nicht nach dem Füller gefragt. Ich bin froh, daß ich ihn vergraben habe, da fühle ich mich schon sicherer.

Und SATAN kommt nur, wenn man IHN ruft. Ich will nicht daran denken.

Vor Erschöpfung schlafe ich ein.

Am nächsten Vormittag bin ich zum »Falken«-Heim, um mit Angelika oder Hannes zu sprechen. Angelika war da. Ich fragte sie, ob sie einen Moment Zeit für mich hätte. »Natürlich«, sagte sie.

Und ich erzählte ihr von der Beschwörung im Wald und daß ich furchtbare Ängste hätte seitdem. Und daß ich nachts nicht mehr schlafen könne, weil ich Angst hätte zu sterben. Namen nannte ich keine, und ich erzählte ihr auch nicht, daß ich bei Krischan gewesen war und was er dort mit mir gemacht hatte.

Angelika war sehr erschrocken. »Um Himmels willen«, sagte sie. »Mädchen, auf was hast du dich da eingelassen.«

Ich meinte, ich hätte das doch vorher nicht wissen können, und jetzt sei es aber so. Und daß ich es so nicht mehr aushielte.

»Vielleicht sprichst du mit deinen Eltern mal darüber?« fragte sie.

»Das kann ich nicht!« entfuhr es mir. Das konnte ich mir überhaupt nicht vorstellen. Wie hätte ich denn mit denen darüber sprechen können. Ausgelacht hätten die mich wieder. Selber schuld, die kleine Ricarda. Sieh zu, wie du damit fertig wirst.

»Wieso denn nicht?« wollte Angelika wissen.

»Es geht wirklich nicht«, sagte ich nur.

Angelika schüttelte den Kopf. »Ich weiß auch nicht, was man da machen kann. Vielleicht läßt du ein wenig Zeit verstreichen und versuchst es mal mit Hopfentee. Lach nicht, dann kannst du wenigstens schlafen.« Sie hielt inne und überlegte.

»Um eins muß ich dich bitten«, fuhr sie fort, »in ein paar Tagen fahren wir nach Österreich. Bitte rede nicht mit den anderen darüber. Wir wollen uns erholen, und wir haben das auch alle nötig. Ich möchte einfach nicht, daß du die anderen damit verunsicherst. Versprichst du mir das?«

Was blieb mir anderes übrig.

»Ich werde auch mal mit Hannes darüber reden, mal hören, was der dazu meint. Aber ich glaube, das Beste wäre, du könntest das alles einfach vergessen.«

Ich habe mir dann tatsächlich Hopfentee gekauft. Und getrunken. Literweise. Geholfen hat er nicht viel. Ein paarmal bin ich wieder an Papas Cognac gegangen. Ich hab Angst gehabt vor dem Dunkelwerden. Und vor der Angst.

Angst vor der Angst vor der Angst vor der Angst.

DAS MORGENGRAUEN

Ich warte, daß die Nacht vergeht
Doch die Zeit bleibt und bringt Kälte mit sich
Ich sitze auf einer Neonbank
Ich friere geborgen in der Dunkelheit
Ich höre Schritte

Ich schrecke auf
Doch sie verhallen
In der phosphoreszierenden Nebelluft
Plötzlich ist es hell
Kein Sonnenaufgang, ich sehe die Stadt
Viel zu bunt
So verräterisch bunt
Keine Illusionen mehr
Ich möchte weglaufen
Irgendwohin
Wo ich wieder in Ruhe
Frieren kann
Doch der Tag verfolgt mich
Bald hat er mich eingeholt
Und ich muß ihm folgen

Zum erstenmal in meinem Leben habe ich ein Gedicht geschrieben. Mitten auf der Fahrt nach Österreich. Ich habe es den anderen aus unserer »Falken«-Gruppe vorgelesen, und sie fanden es gut.

Angelika und Hannes schlafen schon. Sie liegen in irgendeinem Abteil des Zuges, sie sind nicht da.

Petra packt die Flasche Rum aus, und ich hole meine Zigaretten hervor. Hannes hat eigentlich nichts dagegen, daß wir rauchen, obwohl wir alle unter sechzehn sind. Aber Angelika stellt sich immer total blöd an.

Es ist jetzt Nacht.

Ich bin leicht besoffen. Angst habe ich nicht. Endlich wieder eine angstfreie Nacht. Ich bin nicht allein. Da sind Petra, Sabine und Ilona. Zigarettenqualm breitet sich aus. Wohltuend. Ich lese mein Gedicht, so oft, bis mir schwindelig davon wird. Keiner sagt was. Nur die rhythmischen Geräusche des Zuges untermalen die Stille.

Rabamm – rabamm – rabamm.

Und plötzlich habe ich doch wieder Angst. Ich hauche auf

die Fensterscheibe und fange an, mit dem Finger zu malen. Ein Kreuz mit Hörnern. Ich quäle mir noch einen Schluck Rum herunter. Dieses Brennen im Hals und im Bauch, das tut gut.

»Sabine«, flüstere ich, »he, Sabine ...«

»Was ist denn?« rafft sie sich auf.

»Kennst du das noch?« frage ich und deute auf das Kreuz.

»Mensch, hör bloß auf!« erschreckt sie sich. »Ich will doch gleich noch schlafen können.«

Da meldet sich Petra. »Wieso, was ist denn los?«

Sabine und ich sehen uns an. Meine Hände zittern. »Wißt ihr«, atme ich noch einmal tief durch, »wenn ihr den Mund haltet, verrate ich euch was. Aber ihr dürft es nicht weitersagen. Wenn Angelika erfährt, daß ich euch was über die Sache erzähle, krieg ich Ärger. Sie hat mir verboten, darüber zu sprechen. Also, was ist, haltet ihr dicht?«

»Wie ein Grab!«

»Ehrenwort!«

»Erst eine Frage: Glaubt ihr an den Teufel?«

In diesem Augenblick wird die Abteiltür aufgerissen.

Kalle.

»Ach, hier seid ihr«, blökt er, »wo ist denn der Rum?« Er kriegt die Flasche und trinkt einen Schluck.

Sabine und Petra kichern. Auch Ilona ist plötzlich hellwach. Jetzt geht das verdammte Geflirte wieder los. Dieses elende Gegacker von Ilona! Als ich noch mit Kalle zusammen war, versuchte sie ständig, sich an ihn ranzumachen. Jetzt kann sie ihn ruhig haben. Mir ging er nur noch auf die Nerven.

»Ricky«, jetzt quatscht er mich auch noch an und hält mir die Flasche hin, »willst du nichts mehr?«

Ich nehme die Flasche, setze sie an den Hals und trinke einen Riesenschluck. Ich muß kämpfen, daß ich keine Miene verziehe. Ich grinse Kalle frech ins Gesicht und stecke mir eine Zigarette an. Ich blase ihm den Rauch ins Gesicht.

»Wow, diese Frau!« Bewunderung schwingt mit in Kalles Stimme. Ich bin mit mir zufrieden. Ilona wirft mir einen giftigen Blick zu. Auch das gefällt mir.

Kalle greift sich die Flasche und versucht es mir gleichzutun; dabei verträgt er überhaupt nichts. Und das Schlimmste ist, gleich jault er mir wieder mit Liebesschwüren und sonstigen Werbesprüchen die Ohren voll. Warum ich ihn denn nicht wolle, pipapo. Ich habe schon hundertmal versucht, es ihm zu erklären.

Aber den Grund weiß ich selbst nicht.

Es war bisher immer dasselbe. Zwei bis drei Wochen geht es gut mit einem Typen, und plötzlich sind sie mir unerträglich. Irgendwas stimmt da doch nicht. Andere Mädchen haben doch auch feste Freunde. Aber bei mir klappt das einfach nicht. Kalle hat mir deswegen vorgeworfen, ich sei liebesunfähig. Ich sei kalt wie ein Stein. Vielleicht. Meine Gedanken driften langsam ab. Kalle labert mit besoffenem Kopf irgendwelchen Stuß, aber ich krieg' nichts mehr mit.

»SATAN kommt nur, wenn man ihn ruft.« Das hatte Krischan gesagt. Trotzdem habe ich immer Angst gehabt, wenn es dunkel wurde. Was waren das für Nächte, seitdem wir diese Teufelsbeschwörung gemacht hatten! Der Hopfentee hatte nicht geholfen, Papas Cognac schon eher. Aber Papa hatte auch was gemerkt. Aber es war ihm wohl peinlich, danach zu fragen. Vielleicht glaubt er ja, Mama hätte ihn getrunken. Das geschähe ihr recht.

Wenn Papa und Mama ferngesehen haben, war es gerade noch erträglich. Aber wenn sie dann schlafen gingen ...

In den letzten Nächten habe ich immer das Licht angelassen, und die Tür mußte einen Spalt offenstehen. Nur hörte ich dann wieder deutlich diese Geräusche aus dem Schlafzimmer. Dieses Geächze, dieses Gestöhne, dieses Bettgestelljaulen. Widerlich.

Ich begreife nicht, wie das Blut an Krischans Hand kam. ER war der Teufel. ER war SATAN. Mir dreht es sich im Kopf.

Nein, ich darf diesen Namen nicht denken. Und dann mein Blut. Krischans Schwanz war blutig, und er hat mich damit vollgeschmiert. Die Schlange. SATAN. Ich DARF diesen Namen nicht denken. Vielleicht rufe ich IHN gerade dadurch. Jede Nacht seitdem liege ich unter der Bettdecke in meinem Schweiß. Die ersten beiden Nächte dachte ich immer, es wäre mein Blut. Aber seit ich das Licht anlasse, geht's.

Der Teufel spielt sein Spiel mit mir. Wer weiß, wie lange schon. Vielleicht ist er daran schuld, daß ich nicht richtig lieben kann. Nein. Bloß weg. Jetzt habe ich Krischan. Noch einen Schluck Rum. Ich streichle die ganze Zeit die Flasche. Ich halte mich regelrecht daran fest. Noch ein Schluck. Gedankenfetzen. Mann, was bin ich blau. Ich erinnere mich an das Kindergartenabschlußfest. Frère Jacques habe ich damals gesungen. Man stellte mich damals auf den Tisch, und ich sang. Alle Eltern lachten und klatschten. Daß ich mich an so was noch erinnern kann. Aber Mama hat es mir oft genug und immer wieder erzählt, und wie stolz sie damals noch auf mich war. Jetzt krieg ich wieder meinen Moralischen. Ich will nicht weinen. Nicht vor den anderen. Ich bin eine Memme. Da hat Papa irgendwie recht. Aber ich kann doch nichts dafür. Ich kann doch nichts dafür, daß ich ein Mädchen geworden bin und Papa immer einen Jungen haben wollte. Ich will keine Memme sein. Dies ist meine erste Reise ohne Papa und Mama. Morgen sind wir da. Kalle hat endlich aufgehört zu reden. Ich spüre, wie er mich anstarrt. Idiot. Wenn ich Krischan wäre, würde ich ihm schon eine Abreibung verpassen. Der würde sich vor Angst in die Hosen scheißen. Krischan sagte, ich sei auch auserwählt. Ich könne das auch. Aber wie? Außerdem weiß ich immer noch nicht, wie ich mich vor SATAN schützen kann, wenn ich IHN rufe. Krischan hat gesagt, das sei gefährlich. Manche Leute, die sich mit dem Teufel eingelassen hätten, seien schon spurlos verschwunden. Ilona lacht schon wieder. Blöde Gans. Die kommt auch noch dran. Ihr werdet schon sehen. Ich habe keine Angst. Jedenfalls nicht am Tage. Und es wird langsam hell draußen. Das Kreuz auf der Fensterscheibe ist verschwunden.

Die Abteiltür geht auf. Es ist Angelika. Sie will uns wecken. Wir laufen in einer Viertelstunde in München ein und müssen umsteigen. Es wundert mich, daß sie Kalle nicht rausschmeißt. Ganz langsam werde ich wieder nüchtern. Endlich wieder eine Nacht, in der ich keine Angst hatte zu sterben. Ich wünschte, diese Reise würde nie zu Ende gehen. Ich will nicht wieder zurück. Zurück in mein Zimmer, wo die Woolworth-Plastikblumen von Mama drinstehen, wo die Möbel nachts knarren, wo ich jeden Laut aus dem Schlafzimmer hören kann, wo mich meine große Schwester früher verprügelt hat, die jetzt in Spanien wohnt, wo ich in der Dunkelheit schwitze vor lauter Angst und Hitze, wo Kalle versucht hat, mir zwischen die Beine zu fassen, wo diese kitschige Tapete mit dem Blumenmuster hängt, wo ich abends ab acht Uhr alleine sein muß, wo Papa mal vor Wut den Tisch umgeschmissen hat, Papa, der eine Frau hat, die er auch nicht lieben kann, wo ich einfach nicht mehr leben will ...

Die ersten Tage in Österreich waren ganz schön. Die andere Umgebung tat mir gut, es gab viel Neues zu sehen, und die Nächte waren erträglich. Köln war weit weg, und wir schliefen zu viert in einem Zimmer.

Petra, Sabine, Ilona und ich.

Kalle ließ mich in Ruhe, er war mit Ilona beschäftigt. Oder Ilona mit ihm. Mich ließ das kalt, im Gegenteil, mir war das ganz recht. Ilona war eine blöde Gans, und wenn Kalle sich mit ihr zufriedengab, na dann.

Die Angst hatte nachgelassen, und ich fühlte mich deutlich besser. Aber jetzt, wo ich mich besser fühlte, juckte es mich, auszuprobieren, ob die Angst verschwunden blieb, wenn ich wieder daran rührte.

Eines Abends, wir hatten einen Tagesausflug gemacht und waren einigermaßen müde, saßen Petra, Sabine und ich auf unserem Zimmer, und ich malte wieder dieses Kreuz mit den Hörnern. Ich zeigte es den beiden.

Petra wollte nicht. »Geht das schon wieder los!« Aber Sabine schien es auch zu kitzeln. »Laß doch mal«, sagte sie, »ich wollte sowieso mit Ricky mal darüber reden.«

Wir setzten uns um das Bild herum, und ich erzählte ihnen, was passiert war, nachdem sie weggelaufen waren. Ein bißchen ausgeschmückt habe ich es auch.

Es tat mir gut, das ganze mal erzählen zu können; es war auch wieder dieses Kribbeln da. Beide hörten mir gebannt zu, und ich verspürte diesen Kitzel, andere in meinen Bann ziehen zu können.

Ich fragte die beiden wieder: »Glaubt ihr an SATAN? Ich flüsterte SEINEN Namen nur. »Ich weiß nicht«, antwortete Petra. Und Sabine meinte: »Mir wird ganz mulmig. Wo kam bloß das Blut an Krischans Hand her?«

»Ich weiß es auch nicht«, sagte ich, »Krischan hat mir erzählt, das sei ein Zeichen von IHM. ER ließe das Blut dort fließen.«

In diesem Moment kam Ilona ins Zimmer. »Was gluckt ihr drei denn da zusammen?« Sie sah das Bild von dem Kreuz mit den Hörnern. »Was ist das denn da?«

Ich konnte nicht anders: »Das ist das Zeichen SATANS!« Ich wollte ihr angst machen, sie ging mir auf die Nerven. »Und wenn du nicht den Mund hältst, dann werde ich IHN rufen. Und du wirst dein blaues Wunder erleben!« Ich sah sie dabei unverwandt an. Es mußte wohl Eindruck gemacht haben, denn sie rannte schreiend aus dem Zimmer.

Ich ließ das Bild verschwinden, ich legte es unter meine Matratze.

Kurz darauf kam Angelika. Die mir den Hopfentee verschrieben hatte. Hopfentee gegen SATAN!

Sie war fuchsteufelswild: »Ricarda!« schrie sie mich an. »Ich habe dir verboten, mit den anderen über dieses Teufelszeug zu reden! Wo ist dieses Bild?«

»Was denn für ein Bild?« fragte ich.

»Sie hat es unter der Matratze«, verpetzte mich Petra.

So ein Miststück.

Angelika guckte in meinem Bett nach und fand das Bild natürlich. Sie zerriß es in kleine Schnipsel und warf es in den Papierkorb. »Wenn ich noch einmal davon höre, daß du hier den anderen Mädchen angst machen willst mit diesem spiritistischen Unsinn, dann kannst du deine Koffer packen und nach Hause fahren! Merk dir das.«

Sie drehte ab und ließ uns allein. Wir schauten uns betreten an, und Petra sagte: »Entschuldige, aber es ist mir so rausgerutscht. Aber mir war so mulmig. Die Angelika hat schon recht, wir sollten wirklich besser damit aufhören.«

Ilona kam herein. »Ich will bloß meine Sachen holen. Mit der Ricky schlafe ich nicht mehr in einem Zimmer. Mit der nicht!« Sie packte ihre Sachen und zog ab.

Für einen Moment lang fürchtete ich, Petra und Sabine könnten sich ihr anschließen. Aber sie machten keine Anstalten, ebenfalls ihre Sachen zu packen. War ich froh.

Aber ich durfte nun wirklich mit niemandem mehr darüber reden. Jetzt hatte ich nur noch einen.

Krischan.

Die letzten Tage verliefen in gespannter Stimmung. Und nun wünschte ich mir nichts sehnlicher, als wieder nach Köln fahren zu können. Nach Köln zu Krischan. Der ließ mich bestimmt nicht hängen.

Die Stunden bis zu unserer Abreise krochen nur so dahin. Aber irgendwann war es endlich soweit. Spätabends kamen wir in Köln an. Papa und Mama holten mich ab. Das war mir unangenehm, aber was konnte ich machen. Wir fuhren in diese Wohnung, die ich so haßte.

Ich verabschiedete mich schnell und konnte sogar einigermaßen schlafen: Morgen ganz früh würde ich zu Krischan fahren. Selbst wenn er mir wieder so weh tun würde, es wäre mir egal. Wenn ich ihn nur wieder sehen könnte.

Ich freute mich so auf morgen.

Gleich nach dem Frühstück bin ich dann nach Fühlingen zum Krischan geradelt. Ich fuhr in den sechsten Stock und klingelte. Aber niemand machte auf. Ich klingelte noch mal, ich klingelte Sturm. Nichts regte sich. Ich bekam auf einmal wieder Angst. Wo konnte er nur sein? Neben der Wohnungstür war ein kleines Fenster, aber es war so hoch, daß ich da nicht reingucken konnte. Ich fuhr mit dem Aufzug hinunter, nahm mein Fahrrad, fuhr wieder hinauf, lehnte das Rad an die Wand, kletterte darauf hoch, sah durch das Fenster – und fast hätte mich der Schlag getroffen.

Die Wohnung war leer.

Kein Lebenszeichen, kein Zettelchen an der Tür, keine Botschaft auf der Wand:

Krischan war weg.

5. KAPITEL

Mir wurde schwindelig, mir wurde schwarz vor Augen, und ich fiel vom Rad. Lang hingeschlagen lag ich da. Es dauerte, bis ich mich entschließen konnte, überhaupt wieder aufzustehen.

Krischan ist weg, gellte es in mir.

Weg, weg, weg ...

Eine ganze Weile stand ich wie benommen vor der Tür, bis ich schließlich einsehen mußte, daß das wirklich keinen Sinn hatte.

Wie betäubt schob ich mein Fahrrad die Treppe hinunter. Im dritten Stock dann hielt mich ein alter Mann mit Plastiktüten an. »Tja, Mäuschen«, stellte er sich mir in den Weg, »also mit dat Rädchen würde ich ja doch den Aufzug nehmen.«

»Ja, natürlich«, hörte ich mich sagen. Es muß schon merkwürdig ausgesehen haben, wie die Ricky ihr Fahrrad das Treppenhaus runterschob.

Was war denn bloß mit Krischan? Er konnte doch nicht einfach weg sein! Er durfte einfach nicht weg sein. Ich sah, wie ich den Aufzug holte, mein Fahrrad hineinschob und dann abwärts fuhr. Die ersten paar hundert Meter mußte ich wieder schieben. Ich mußte schon wieder mein Rad schieben. Erinnerungen an das letzte Mal mit ihm kamen hoch. Die Kerzen. Die Schlange. Der Schmerz. Das Blut. Ich war völlig aus dem Gleichgewicht geraten. Wieder kam ich mir vor wie im Kino. Das konnte doch alles nicht sein. Meine einzige Hoffnung: weg.

Aus.

Jetzt hatte ich niemanden mehr.

Irgendwann konnte ich doch wieder aufs Rad steigen. Ziellos fuhr ich durch die Gegend, und schmerzlich kam es mir zu Bewußtsein, wie alleine ich nun war. Ich mußte schlucken. Ich hatte einen Kloß im Hals. Zur »Falken«-Gruppe konnte ich nicht mehr hin, nach der Geschichte mit Ilona und Angelika. Nach Hause? Wieder in diese triste Atmosphäre, zurück zu diesen Plastikblumen und den Blümchentapeten, in diese Kälte. Ich mußte mich schütteln. Und wieder schlucken. Und meine Clique? Ich dachte an Kalle. Und an Ilona. Hätte ich doch damals nicht Schluß gemacht. Aber ich habe nicht mehr gewollt. Krischan. Und die anderen?

Petra und Sabine, vielleicht. Der Himmel zog sich zu. Gleich geht es wieder los, Kölner Nieselregen.

Kalt.

Vielleicht ruft er dich ja an, dachte ich. Oder er wartet auf dich nach der Schule. Oder er ist einfach wieder da, wie auf der Achterbahn.

Ich war immer noch wie betäubt, in mir drehte sich alles, und langsam kroch auch die Angst wieder in mir hoch. Ich will nicht daran denken. Dieser Kloß im Hals. Die Kehle schnürte sich mir zu. Ich will nicht mehr daran denken.

Aber ich mußte.

Und ich mußte wieder zurück in diese Kälte zu Hause.

Nur noch Schatten dürfen sich berühren
Und sehnsüchtig ahnen wir nur
Das Gefühl
Das dabei erwachen könnte

Der kalte Wind der zwischen uns weht
Ist zur Mauer geworden
Unsichtbar aber tödlich

Das Eis unseres Daseins hat uns
Erstarren lassen
Und der kalte Wind
Weht zwischen uns

Er warnt uns
Vor einer Rache
Vor einer Jagd
Vor einer Angst

Zu spüren
Wie der Tod
Der uns bewacht
Auf Opfer hofft

Da stehen wir
Kaum ein paar Schritte auseinander
In die gleiche Richtung blickend
Und wir warten
Und hoffen
Auf den Tag
Da
Das Sonnenlicht unsere Schatten zusammenführt

Die ersten Wochen danach waren furchtbar. Es war wie eine Trance, und ich machte alles wie auswendig gelernt. Anfangs hatte ich versucht mir zu verbieten, an Krischan zu denken. Aber das funktionierte nicht.

Wenn das Telefon klingelte, hoffte ich, Krischan sei dran. Und wenn ich durch die Stadt ging, hielt ich immer nur Ausschau nach ihm.

Gefühlt habe ich gar nichts mehr, oder doch: Mein Bauch war ein einziger Angstbrei. Es war aber so eine unbestimmte Angst. Alles drehte sich im Kreis. Ich fühlte mich von Krischan so im Stich gelassen. Er war einfach weg. Und mit niemandem außer ihm konnte ich doch reden!

Und nachts war sie wieder da, die nackte Angst.

Aber sie hatte sich verändert. Ob es die Gewöhnung war, ich weiß es nicht. War die Angst früher einfach nur da und brachte mich ins Schwitzen, so hatte ich jetzt einen Anhaltspunkt, woher sie kam. Das war das, was mir von Krischan geblieben war. Er hatte mir ja erklärt, daß Angst die Macht SATANS sei und daß ich auserwählt sei.

Und meine Angst war ja auch der Beweis, daß es IHN gab und daß ER in mir war. Ich hatte das Gefühl, meine Angst sozusagen näher kennenzulernen.

Ich spielte mit meiner kleinen Schwester mit Lego, und plötzlich sind zwischen den Legosteinen lauter kleine Kügelchen. Bei näherem Hinsehen entpuppen sie sich als viele kleine Öllämpchen, die auf merkwürdige Weise miteinander verschlungen sind. Und sie brennen. Ich will eins aufmachen, aber es ist sehr schwierig. Bis ich dann hineinbeiße. Zwei Hälften fallen auseinander, und der Kugel entweicht ein grauenhafter Schrei. Es ist nicht einfach ein Schrei, es ist der Schrei einer Hexe, eines Dämons, laut, grell und entsetzlich lang. Er hört gar nicht mehr auf. Und dieser Schrei trifft meine Seele.

Ich wache schweißgebadet auf.

Tagsüber ging ich in die Schule und erledigte so recht und schlecht meine Pflichten. Einen neuen Füller hatte ich mir gekauft, der alte lag noch vergraben im Garten. An ihn traute ich mich nicht heran.

Sonst war ich auf der Suche nach IHM. Ich wälzte Bibeln und fand mehrere Schilderungen von IHM. Sie waren aber sehr unterschiedlich. Welcher sollte ich glauben? Sie gefielen mir außerdem alle nicht.

Ich ging kaum noch aus, meine Freundschaften, auch die in der Schule, waren mir unwichtig geworden. Mit meinen Leistungen dort ging es bergab.

Papa und Mama war schon aufgefallen, daß ich so schweigsam geworden war und daß ich immer auf meinem Zimmer blieb. Aber sie fragten mich nicht danach.

Sie waren genug mit sich selber beschäftigt. Sie stritten sich ewig viel, und Mama war immer so unleidlich. Papa blieb immer öfter abends länger im Büro.

Ich hatte auch keine Lust mehr, mit meiner kleinen Schwester zu spielen. Ich konnte nicht mehr fröhlich sein.

Nachts träumte ich wieder.

Ich fliege. Ich fliege aus eigener Kraft, ich brauche keine Flügel. Ich fliege und fliege, immer höher und immer höher. Und plötzlich werde ich vom Weltall angezogen, angezogen von einem schwarzen Loch. Und je näher ich dem schwarzen Loch komme, um so lauter höre ich dieses Heulen, wie man es in der Hölle hört. Und die Erde wird kleiner und kleiner, und ich kriege furchtbare Angst.

Immer mal wieder ging ich zu unserem alten Treffpunkt am »Falken«-Heim. Aber kein Krischan. Und auch die alte Clique war nicht mehr da. Petra und Sabine sah ich noch ab und zu, blöde Gänse. Ich war auf der Suche nach IHM, die beiden interessierten mich nicht. Und ins »Falken«-Heim rein ging ich schon gar nicht. Von dieser hysterischen Angelika hatte ich die Nase voll. Pädagogen.

Zwischendurch traf ich auch mal Kalle. Ach, Kalle. Er erzählte, er habe mit Ilona Schluß gemacht. Ob wir's denn nicht noch einmal probieren sollten. Es interessierte mich nicht.

Und dann fand ich IHN: SATAN. In einer »Tausend-Bilder-Bibel«. Auf einem Bild sieht man IHN, wie ER Jesus auf einem Berg in Versuchung führt.

Toll sah ER aus! Und ER hatte sogar eine gewisse Ähnlichkeit mit Krischan ...

Da stand dann geschrieben:

»Wiederum führte ihn der Teufel auf einen sehr hohen Berg und zeigte ihm alle Reiche der Welt und ihre Herrlichkeit, und er sprach zu ihm: Das alles will ich dir geben, so du niederfällst und mich anbetest.«

Ich hatte IHN gefunden!

Nachts erschien er mir im Traum:

Ich schlafe und wache auf. An meinem Bett sitzt eine schwarze Nichtsgestalt. Eine Gestalt mit menschlichen Umrissen, aber darin ist ein schwarzes Loch, wo man reinfallen kann. Ich frage: »Wer bist du?« Er sagt nur: »Ich bin ich, ich bin der ich bin.« Ich kann kein Gesicht erkennen, aber ich weiß, daß ER es ist. ER droht mir, ich solle mich nicht mehr gegen IHN wehren und mich endlich auf IHN einlassen. Und ER verspricht mir Macht, Schönheit und Reichtum. Ich sage: »Nein, ich laß mich nicht auf dich ein, ich werde versuchen, gegen dich zu kämpfen.« Doch ER sagt nur: »Du kannst mich nicht besiegen. Wenn du versuchst, mich zu bekämpfen, dann wirst du jeden Morgen in den Spiegel gucken und erkennen, daß du ein Stück Dreck bist. Dann bist du nichts wert. Ich lasse dich nicht mehr in Ruhe, und ich werde dein Leben wandeln. Ich werde deine Liebe in Verzweiflung verwandeln und deine Verzweiflung in Haß.« Und ER steht auf, hebt die drei Finger seiner rechten Hand wie zum Schwur: »Dies ist das Symbol für die wahre Dreieinigkeit: Macht, Schönheit, Reichtum.« ER geht zum Waschbecken und drückt die drei Finger auf den Spiegel. Blut läuft aus der Wand.

Von diesem Traum bin ich nicht aufgewacht. Aber morgens bin ich gleich zum Spiegel hin, und richtig, es waren Abdrücke darauf. Blut war leider nicht an der Wand, das habe ich dann selbst gemacht.

Nach diesem Traum – oder war es nicht vielmehr eine Erscheinung? Der Bernadette in Lourdes war die Jungfrau erschienen, mir der SATAN! – hatte ich keine Zweifel mehr. Ich wußte, was ich wußte. Und aus dieser Gewißheit sollte mir Kraft erwachsen. Also ging ich weiter in die Schule. Meine Leistungen wurden etwas besser, ich fühlte mich wohler, jetzt mußte ich nur noch auf SEINE Zeichen warten. Krischan hatte gesagt, auch ich sei ein Medium, auch ich hätte diese Kraft, und ich sei auserwählt. War Krischan eigentlich nur Krischan? Oder war er doch ...?

Meine Aufgabe war mir klar, SATAN hatte es mir neulich klar gesagt: Ich solle mich auf IHN einlassen und mich nicht mehr gegen IHN wehren. Aber das war leichter gesagt als getan. Wie läßt man sich auf IHN ein, und wie wehrt man sich nicht gegen IHN? Manchmal war es zum Verzweifeln.

Ich ging in Buchhandlungen und sah die Regale durch. Ich fand aber nicht viel. Nach langem Suchen kaufte ich mir zwei Bücher, eins hieß: »PSI im Alltag«, das andere »Die Magie des Pendelns«. Sie sollten der Grundstock für meine eigene Magie werden. Etwas anderes habe ich damals nicht gefunden. Mein Interesse an der Magie war nicht mehr zu stillen, und ich fing an, meine übersinnlichen Kräfte zu suchen.

In der Schule gab es plötzlich ein Tagesthema. Im Fernsehen war ein Film von Polanski gelaufen, Rosemaries Baby. Fernsehen guckte ich nicht mehr, ich war viel zu sehr mit mir selbst beschäftigt. Ich kriegte aber aus den Gesprächen der anderen mit, daß da wohl eine Frau ein Kind von SATAN bekommen hätte. Ha! Daß die anderen so aufgeregt waren, konnte ich gut verstehen. Ich fühlte mich ihnen so überlegen.

Ein Baby von SATAN.

Ich erschrak. Seit ich meine Erlebnisse mit Krischan gehabt hatte, hatte ich meine Regel nicht mehr bekommen. Es durchzuckte mich: Was, wenn ich nun ein Kind von Krischan bekam? Ich ließ mir die Geschichte genauer erzählen. Die Parallelen waren überdeutlich! Ich war mir nun weniger denn je sicher, ob Krischan nicht vielleicht doch SATAN gewesen war. Was hatte er gesagt? Ich sei auserwählt. Doch, ich war sicher, Krischan war SATAN.

Schlagartig war alles verändert. Ich wußte nur nicht, was ich davon halten sollte. Der Gedanke an ein Kind von SATAN hatte seine Schrecken. Was sollte ich mit einem Kind? Und wie sollte ich es meinen Eltern erklären, daß ich ein Kind von SATAN bekam? Wenn es wirklich so war. Ich ging in die zehnte Klasse aufs Gymnasium. Das paßte alles nicht zusammen. Wenn ich doch nur jemanden gehabt hätte, mit dem ich mich hätte beraten können. Aber es gab niemanden, außer IHM. Und ER setzte mir eher zu. Aber es war nichts zu machen.

Allerdings, der Gedanke, daß Krischan womöglich in mir war, der gefiel mir, und er machte mir gleichzeitig wieder unvorstellbare Angst.

Nachmittags bekam ich dann Unterleibsschmerzen. Starke sogar. War das vielleicht wieder ein Zeichen von IHM? Mir wurde ganz übel. Immer wieder dasselbe Problem: Wenn das ein Zeichen war, war es nun ein gutes oder ein schlechtes Zeichen? Nach außen hin, gegenüber meinen Eltern, ließ ich mir nichts anmerken. Kurzes Abendessen, gute Nacht, Papa hatte noch zu tun, Mama wollte wieder ins Kino.

Ich lag im Bett und schwitzte. Meine Erscheinung ging mir wieder und wieder durch den Kopf. Ich wollte mich nicht mehr gegen IHN wehren. Ich wollte jetzt SEIN Kind bekommen. Meine Gedanken drehten sich im Kreis. Macht, Schönheit und Reichtum hatte ER mir versprochen. Nur diese Angst mußte ER mir nehmen. Ich hatte sie wieder, also war ER da, ER war in mir.

Ich malte mir aus, wie ER wohl war. Was für ein Leben ER wohl führen mochte. Vielleicht war es gar nicht so schön. Hatte ER vielleicht selber Angst? Unsinn, wer so viel Macht besitzt, der kann keine Angst haben. Ich wollte auch gerne Macht besitzen, und ER hatte sie mir versprochen. Mein Papa fiel mir ein. Vielleicht war ER ja genauso melancholisch wie Papa. Und so stolz. Ich überlegte, wie Krischan eigentlich gewesen war. Ich hatte gar nicht besonders darauf geachtet. Ich meine, wie er war. Ich hatte nur das Geheimnisvolle gesehen, das Magische an ihm. Dieses Kribbeln. Aber eigentlich war er auch ziemlich einsam gewesen, genau wie ich. Vielleicht war auch SATAN einsam. Vielleicht sollte ich ein bißchen Mitleid mit ihm haben ...

Mein Mitleid ließ mich einschlafen, trotz der Schmerzen.

Ich wachte morgens auf, und die Schmerzen waren so gut wie weg. Aber ich hatte so ein komisches Gefühl im Bauch. Ich fühlte mich so klebrig an zwischen meinen Beinen. Ich schlug die Decke zurück und schaute nach: Ich lag wieder in meinem Blut. Krischan fiel mir ein. Der Schmerz fiel mir wieder ein. Ich durchlebte noch mal, was ich mit Krischan erlebt hatte. Mein Bauch verkrampfte sich. Schweißausbruch. Die Hände zitterten.

Endlich ließ es nach.

Ich war erleichtert. Kein Kind von SATAN. Ich konnte erst mal weiter in die Schule gehen. Ich mußte niemandem erklären, daß ich ein Kind von SATAN kriegen würde.

ER hatte mich verschont.

ER meinte es wirklich gut mit mir.

6. KAPITEL

Einige Zeit verstrich. Niemand hatte gemerkt, was mit mir passiert war in der letzten Zeit. Auch Mama und Papa nicht.

Ich hatte die Blutflecken an jenem Morgen nicht selbst wegmachen können, es war mir einfach zu schlecht gegangen. Mama hatte nichts gesagt. Über »so was« hat sie ja nie mit mir gesprochen. Gut so.

Beinahe wäre ich sogar zum Arzt gegangen.

Ich hatte eine gute Erfahrung mit SATAN gemacht. Und hatte IHN endlich gefunden. Das war auch gut, denn nun mußte ich nicht mehr weiter nach IHM suchen und konnte mich endlich wieder mit anderen Dingen beschäftigen. Aber geblieben war mir doch meine Angst, und die Schmerzen und das Blut erinnerten mich jedesmal aufs neue an Krischan und an das, was ich mit ihm erlebt hatte.

Gegen meine Angst vor IHM hatte ich an jenem Abend ein gutes Mittel gefunden: Mitleid. Ich wußte, das mochte ER nicht, das hielt SEIN Stolz nicht aus. Überhaupt überlegte ich mir in dieser Zeit immer öfter, wie ER wohl war.

In der Bibel hatte ich SEINE Geschichte gelesen, wie ER aus dem Himmel gestürzt worden war; daß IHN eigentlich keiner mochte und daß das doch nicht so schön sein konnte. Aus dem Himmel gestürzt worden war ich nun nicht, aber sonst? Kein Wunder, daß ER so melancholisch war. Ich fand, wir hatten vieles gemeinsam. Aber die Angst vor SEINER Macht kriegte ich nicht weg.

SEINE Macht! Die hatte ER mir doch versprochen. Das war bestimmt ein gutes Mittel gegen die Angst. Ich hielt immer nach IHM Ausschau, aber ich habe ihn nicht gesehen. Ich bin sogar wieder in den Wald gegangen, wo Krischan IHN angerufen hatte. Das Kribbeln war wieder da, sonst war alles ganz friedlich.

Ich wollte unbedingt SEINE Macht bekommen, denn meine Ängste nachts waren so groß, daß ich nicht mehr auf Krischan oder IHN warten konnte. Ich wußte von Krischan, daß die Magie SATANS Machtmittel war. Das konnte ich doch auch selbst ausprobieren. Die beiden Bücher, die ich mir gekauft hatte, besaß ich ja noch. Aber allein traute ich mich nicht so recht.

Ich knüpfte wieder Kontakt zu Petra und Sabine. Unser gemeinsames Erlebnis im Wald verband uns ein bißchen. Und wie ich schnell bemerken konnte, war auch bei ihnen die Faszination für das Übersinnliche geblieben. Aber die Sache mit Krischan steckte ihnen noch in den Knochen. Und auch die Österreichfahrt war noch in banger Erinnerung. Mit SATAN wollten die beiden nichts zu tun haben. Ich beruhigte sie, daß Krischan ja längst über alle Berge sei, erzählte ihnen von dem »PSI«-Buch und meinte, wir müßten ja nicht gleich mit Geisterbeschwörungen beginnen. Wir könnten erst mal »Fernbeeinflussung von Materie durch Willenskraft« ausprobieren. Ohne SATAN oder Krischan waren beide leicht zu überreden, wenigstens den Versuch zu wagen.

In den Büchern hatte ich interessante Hinweise gefunden, die meine Erfahrungen bestätigten: »Der Mensch hat Kräfte und innewohnende Möglichkeiten, die latent vorhanden sind und erst geweckt werden müssen.« Mußte ich noch bei »latent« ins Wörterbuch gucken, die »Kräfte und innewohnenden Möglichkeiten waren mir ja spätestens durch Krischan bekannt. Und ich wußte sogar mehr als die Bücherschreiber. Ich wußte, in aller Magie wirkte ausschließlich die Kraft SATANS.

Das sagte ich Petra und Sabine natürlich nicht, als wir uns zum erstenmal verabredeten. Wir trafen uns bei Sabine zu Hause, und wir hatten uns vorgenommen, mit dem Willen eine Kerze ausgehen zu lassen. Fernbeeinflussung von Materie allein durch unseren Willen. Das war spannend.

Wir verdunkelten Sabines Zimmer und stellten ihren Schreibtisch in die Mitte des Raumes. Darauf stellten wir eine brennende Kerze. Dann machten wir das Licht aus, setzten uns um den Schreibtisch herum und hakten, wie damals mit Krischan im Wald, uns mit den Fingern ein. Es war eine kribbelige Stimmung. Schatten huschten über unsere Gesichter. Petra und Sabine schauten mich erwartungsvoll an. Sie schienen wohl genau zu spüren, daß ich es war, die dieses Experiment leiten mußte.

Ich sagte nur: »Wir konzentrieren uns auf die Kerze.«

Das Kribbeln! Es war wieder da!

Ich weiter mit geheimnisvoller Stimme: »Wir WOLLEN, daß die Kerze erlischt! Wir sagen jetzt jede der Reihe nach: Ich WILL!« Petra sagte: »Ich will!«

Sabine sagte: »Ich auch ...«

Ich brach den Versuch sofort ab, indem ich mich aus dem Kreis aushakte. »Was machst du denn?« Sie war ganz verwundert.

»Ich habe doch klar gesagt, jede sagt der Reihe nach ICH WILL und du hast gesagt ICH AUCH!«

»Ja, aber ich will doch auch«, sie war ganz verdutzt. Herrje, war die vielleicht blöde. Ich mußte es ihr wohl ganz langsam und deutlich erklären: »Paß auf, wenn wir die Regeln nicht ganz genau einhalten, dann wird das nichts. Mit den Regeln ist nicht zu spaßen. Wir müssen uns ganz genau daran halten.« Daß ich die Regel soeben selber erfunden hatte, brauchte ich ihr ja nicht gerade auf die Nase zu binden. Aber eins war sonnenklar: So mir-nichts-dir-nichts-larifari ließ sich die Fernbeeinflussung von Materie bestimmt nicht bewerkstelligen!

Feste Regeln mußten sein.

Das mußte Sabine einsehen, und wir konnten den Versuch wiederholen. Wir hakten uns wieder ein, sagten diesmal richtig der Reihe nach »ICH WILL«, und dann konzentrierten wir uns auf die Kerze und starrten angestrengt in die

Flamme. Aber es passierte nichts, erst mal. Bei jedem Flackern hofften wir, nun wäre es endlich soweit, aber die blöde Kerze brannte einfach weiter.

Es dauerte fast bis zum Ende der Kerze, doch dann passierte es: Das Licht flackerte, der Docht legte sich zur Seite, und die Kerze ging aus.

Es war sofort stockfinster, und wir kriegten alle einen ordentlichen Schreck: Es hatte tatsächlich funktioniert! Sabine stand auf, tastete sich zum Lichtschalter und knipste das Licht an. Wir sahen uns erschrocken an. Es hatte tatsächlich funktioniert. Für mich war das der klare Beweis für meine besonderen Fähigkeiten und die Anwesenheit SATAN, dessen Macht ja die Kerze ausgemacht und den ich zum erstenmal erfolgreich beschworen hatte!

Ich fing an zu zittern und zu schwitzen.

Petra und Sabine ging es nicht viel besser, auch ihnen stand die Angst ins Gesicht geschrieben. Ich sagte nur: »Das ist der Beweis, daß es diese Kraft gibt, und sie ist hier im Raum.«

Sabine zog schnell den Rolladen hoch und machte das Fenster auf. Das Licht kam hell herein, und das offene Fenster löste ein wenig unsere Beklemmung. Petra und Sabine waren ein wenig ratlos, sie konnten die Kraft ja nicht richtig einschätzen. Und ich fühlte mich ihnen maßlos überlegen, denn ich wußte Bescheid, ich wußte, woher diese Kraft kam. Aber das sagte ich den beiden natürlich nicht.

Ein merkwürdiges Gefühl. In die Angst mischten sich Triumph und Bestätigung.

Und meine Hände waren eiskalt.

Sabine meinte, es wäre besser, wenn wir jetzt gingen, und wir beide hatten nichts dagegen.

Am nächsten Morgen merkte ich, daß sich bei mir was verändert hatte. Ich sah morgens in den Spiegel nach den Abdrücken, und sie waren noch da. Was wäre eigentlich, wenn Mama den Spiegel putzen würde? Ich schrieb schnell einen Zettel: BITTE NICHT PUTZEN! und klebte ihn mit Tesa-Film oben rechts auf den Spiegel. So konnte erst mal nichts weiter passieren. Auch das Blut war noch da. Ich fühlte mich gut. Ich meine, morgens fühlte ich mich nach überstandener Nacht immer ganz gut, aber heute war es anders. Ich sah in den Spiegel, dachte an IHN und was ER mir versprochen hatte und fand, daß ER seit der Kerze gestern anfing, SEIN Versprechen einzuhalten. Ich hatte also den richtigen Weg gefunden, mich auf IHN einzulassen! Ich dachte an den Füller. Nein, ich traute mich noch nicht, so weit war ich noch nicht. Aber ich hatte mich verändert, ich fühlte mich mit IHM im Bunde. Ganz sicher war ich meiner Sache noch nicht, aber ich war irgendwie nicht allein, und in IHM hatte ich einen Verbündeten, den ich rufen konnte, wenn ich IHN brauchte. Und der mir SEINE Macht gab. So stellte ich mir das jedenfalls vor. Ich mußte weiter daran arbeiten. Und ich nahm mir vor, zukünftig die Augen aufzumachen und nach SEINEN Zeichen zu suchen.

Guten Mutes ging ich an diesem Morgen in die Schule. Sie machte mir an dem Tag nichts aus. Was war denn schon die Schule? Ich fühlte mich so stark. Ich hatte etwas ganz Wahnsinniges entdeckt, etwas, wovon keiner wußte. Das mir gehörte, mir ganz allein.

Ein paar Tage später traf ich Kalle wieder, und ich erzählte ihm von unserem Experiment mit der Kerze. Er glaubte mir und war ziemlich erschrocken. Er sagte, er kenne da zwei Theologiestudenten, die sollte ich vielleicht mal um Rat fragen. Ich brauchte doch gar keinen Rat, aber die beiden Theologiestudenten waren schon eine schöne Herausforderung. Ich sagte zu, und wieder ein paar Tage später gingen wir zu ihnen ins Studentenwohnheim. Ich sagte zunächst gar nichts, sondern ließ Kalle berichten. Die beiden angehenden Theologen waren sehr ungläubig. »Das gibt's doch gar nicht«, spotteten sie.

Ich reagierte ganz wie Krischan damals: »Ich kann es euch

ja beweisen«, sagte ich wütend, und tatsächlich ließen sich die beiden auf den Beweis ein. Kalle war ganz schweigsam geworden, er schien den Ernst der Dinge begriffen zu haben.

Wir verdunkelten das Zimmer, stellten ein Nachtschränkchen in die Mitte der Bude, eine Kerze darauf, und ich wollte anfangen. Aber keiner von den drei »Männern« ließ sich darauf ein, mit mir einen Kreis um die Kerze zu bilden. Ha! Sie hatten wohl Angst. Die Kraft wirkte also schon. Ich mußte es also alleine probieren. Aber ich war mir meiner Kraft ziemlich sicher. Die Kraft war ja da, ich glaubte fest daran, und ich war wild entschlossen, es den dreien zu zeigen.

Ich, Ricky, hatte mehr Mut als die drei Männer zusammen. Ein gutes Gefühl.

Aber es dauerte. Der eine der beiden Studenten verlor schon das Interesse und blätterte im Kerzenschein in einem Pornoheft. Das machte mich ganz schön wütend. Ich strengte mich an, ich konzentrierte mich und konzentrierte mich, und da: Die Kerze war aus!

Der Pornoleser schreckte hoch, und der andere machte schnell den Vorhang auf und öffnete instinktiv das Fenster. Der gute Kalle war wie vom Donner gerührt. Die beiden Theologen reagierten aber ganz unchristlich: Sie meinten, das wäre alles Firlefanz, und schmissen mich raus. Den Kalle auch.

Feiglinge.

Vorm Studentenwohnheim ergriff Kalle meine Hand. Er erschrak schon wieder, denn meine Hände waren eiskalt. Wieder. Ich war ein bißchen wie in Trance, denn langsam begriff ich, wie recht Krischan gehabt hatte mit seiner Erkenntnis meiner Fähigkeiten. Kalle war ziemlich besorgt: »Ricky, so was darfst du nicht machen! Du machst dich mit so was kaputt! So was ist gefährlich. Laß es sein, versprich mir, daß du das sein läßt. Du darfst dich auf diese Macht nicht einlassen!«

Der gute Kalle. Ich guckte ihn an. Der machte sich wirklich Sorgen um mich. Wenn der wüßte. Aber irgendwie tat mir das auch gut, daß er sich Sorgen um mich machte, das gefiel mir. Das schmeichelte doch meiner Eitelkeit. Ich merkte langsam, daß ich über das Erzeugen von Angst und Sorge Macht über andere ausüben konnte. Ich konnte den Kalle so weit beeinflussen, daß er sich sorgte, und dann dessen Sorge auch noch genießen.

Die Magie gefiel mir immer besser.

Ich schüttelte ihn ab und ging nach Hause.

Kalle war schon ganz in Ordnung, aber er rückte mir immer so nah auf die Pelle. Und jetzt machte er sich schon wieder Sorgen um mich. Das wollte ich aber nicht. Durch so etwas fühlte ich mich ihm gegenüber verpflichtet. Das war mir unangenehm.

Mein Selbstbewußtsein, das durch Krischan und die Suche nach IHM ganz schön angeschlagen war, habe ich mir in dieser Zeit ein wenig zurückerobert.

Ich durchstöberte weiter Buchhandlungen, und ich wurde dann auch fündig. Ich fand das Buch:

SCHWARZE MAGIE
Geheime Kunst Schule

oder:

das Buch der wahren Praktik in der uralten göttlichen
Magie, wie sie durch die heilige Cabbala und durch
Glohym mitgetheilt worden ist, und als göttliches
Geheimniß Cabbala genannt wird, und eine
Schwester der göttlichen Weisheit, der
sogenannten MAGIA ist.

Da gingen bei mir aber die Lichter an. Das Buch wurde so ein bißchen meine Bibel. Es standen zwar viele Sachen drin, mit denen ich gar nichts anfangen konnte. Was man z. B.

machen muß, daß eine Kuh viel Milch gebe. Interessanter fand ich dann schon:

»Wie man einem Pferde seine Stärke benehmen und einem Menschen einpflanzen kann.«

Man nehme den Samen eines Hengstes und vermische denselben mit guter Erde. In diese pflanze man dann schwarze Eberwurz und lasse sie aufwachsen. Ein Mensch, der hiervon gegessen hat, auch davon bei sich trägt und sich eine Zeitlang in einem Stalle, wo starke Pferde befindlich sind, auf- hält und darin schläft, benimmt den Pferden ihre Kraft und eignet sie sich zu. Auf gleiche Art kann auch anderen Thieren die Kraft genommen werden und dem Menschen oder einem anderen Thiere eingepflanzt werden.

Wo sollte ich nur in Köln Hengstsamen herkriegen? Ich überlegte damals tatsächlich, auf die Rennbahn zu gehen, aber das war mir alles zu mühselig und langwierig. Was war denn schwarze Eberwurz? Und wie lange brauchte die zum Aufwachsen? Und ich konnte doch schlecht der Mama einen mit Hengstsamenerde gefüllten Eberwurztopf zum Gießen auf die Fensterbank stellen.

Ich habe trotzdem einiges daraus ausprobiert. Nicht alles, was drin stand, klappte auch. Vielleicht lag es aber auch daran, daß meine Fähigkeiten noch nicht so richtig ausgebildet waren.

Ich kleidete mich nun auch anders. Ich bevorzugte hauptsächlich schwarze Sachen, schminkte mir die Augen dunkel und benutzte neuerdings ein Parfüm, das hieß: »Magie noir«. Das gefiel mir und gab mir irgendwie Sicherheit. Außerdem duftete es geheimnisvoll. Ich fand, ich hatte meinen Stil gefunden.

Ich fand auch eine Beschwörung, die ganz gut gegen die Schule paßte, und siehe da: Meine Leistungen in der Schule wurden wieder besser.

Eines Tages kam Petra zu mir, erzählte, daß sie mit einem Typen ganz gräßlichen Ärger hätte, sie sei mit ihm gegangen, wolle aber nun Schluß mit ihm machen, der wolle aber nicht, und sie fragte mich, ob ich nicht was machen könne.

Das war wieder eine gute Gelegenheit, die Magie einzusetzen. Ich suchte in dem Buch nach einem solchen Zauber, fand aber nichts Richtiges. Da habe ich mir dann selber was ausgedacht. Sabine wurde auch eingeweiht.

Wir trafen uns nachmittags bei mir.

Wir verdunkelten das Zimmer, setzten uns um einen Tisch, der wieder in der Mitte des Zimmers stand, eine brennende Kerze war selbstverständlich, stellten ein Radio in die Mitte und drehten den Sender ganz nach links. Wir machten das Radio an und hakten uns wieder mit den Fingern ein.

Wir warteten. Und konzentrierten uns. Das Kribbeln war wieder da. Ich fing an zu sprechen, mit leicht belegter, geheimnisvoller Stimme: »Petra konzentriert sich auf Arnd, Sabine konzentriert sich auf das Radio, und ich konzentriere mich auf ...« Fast wäre es mir herausgerutscht! » ... auf die Kraft.«

Wir waren im Kreis und konzentrierten uns.

Dann kamen Musikfetzen aus dem Radio, die Petra sofort wiedererkannte: »Die Musik spielen sie immer in der Disco, wo wir hingegangen sind!« Ich sagte nur: »Die Kraft wirkt.« Und ich dachte an IHN, an die Abdrücke auf dem Spiegel und an das Blut, das schon ein wenig eingetrocknet war. Vielleicht mußte ich es bei Gelegenheit erneuern? Und plötzlich war sie wieder da, die Angst! Der Beweis, daß SATAN da war und daß SEINE Kraft wirkte! Ich sagte schnell: »Das reicht!« und unterbrach den Kreis. Petra und Sabine waren ganz froh, daß es zu Ende war. Wir zogen den Vorhang zur Seite und machten das Fenster auf.

Jetzt mußten wir nur noch abwarten.

Zwei Tage später kam Petra begeistert zu mir nach Hause: »Es hat geklappt!«

Natürlich.

Sie erzählte, besser hätte es gar nicht laufen können. Ihre eigene beste Freundin, mit der sie schon im Sandkasten gespielt hatte, habe sich an Arnd rangemacht und ihn ihr ausgespannt. Das sei doch doppelt schön: Sie sei ihn erstens los, und zweitens könne sie noch auf die Freundin sauer sein, und die müßte ein schlechtes Gewissen haben.

Die Magie funktionierte wirklich großartig.

Abends lag ich wieder im Bett und mußte schwitzen. ER war ja wieder bei mir gewesen, SEINE Kraft hatte ich ja benutzt. Ob ich wirklich auf dem richtigen Weg war? Der Füller fiel mir ein. Und Krischan. Die magischen Augen. Ich mußte schwitzen. Die Schmerzen im Bauch kamen wieder.

Tage später traf ich Kalle wieder. Ich sah ihn nur ganz durchdringend an, und schon bekam er es wieder mit der Angst zu tun: »Ricky, was ist denn bloß los?«

»Nichts«, sagte ich, »was soll denn los sein?«

»Du guckst so merkwürdig, so unruhig, machst du doch weiter mit ... mit dieser ... Kraft?« Er mußte dabei schlucken. Kalle war doch ein armes Würstchen. Vielleicht sollte ich ihm mal einen Fluch anhängen? Er tat mir richtiggehend leid.

»Kalle«, sagte ich überlegen, »misch dich nicht in Dinge ein, von denen du nichts verstehst.« Mehr hatte ich ihm nicht mehr zu sagen. Was ich früher mal an ihm gefunden hatte?

Dann, in der Schule, kursierte ein Magazin unter den Mädchen mit einem Riesenartikel: Das erste Mal. So ein Schwachsinn:

»... endlich war ich mit Robert allein. Wir legten uns auf sein Bett, und wir küßten uns. Zärtlich streichelte mich Robert, überall, den Rücken, den Bauch, über die Schenkel. ›Carola‹, hauchte er mir ins Ohr, ›ich möchte so gerne.‹

Auch ich wollte, ich wollte ihn, ich wollte mich ihm schenken, ihn spüren, in mir, ihm ganz nahe sein, und ich sagte nur: ›Ja, Robert, ich liebe dich, und ich will dich auch.‹ Wir zogen uns zärtlich gegenseitig aus. Er küßte mich, er küßte mich überall, und ich schmiegte mich an ihn. Jetzt wollte ich ihn haben, jetzt. Ich flüsterte nur: ›Robert ...‹ Und dann war er in mir. Ein bißchen weh tat es, aber nur am Anfang. Danach war es einfach nur schön ... schön ... schön ...«

So eine Lüge. So ein Schwachsinn. Und die dummen Gänse in meiner Klasse glaubten das wahrscheinlich alle. Was ich bei Papa und Mama gehört hatte, hatte mir schon gereicht, aber von Krischan hatte ich die ganze Wahrheit erfahren. Lust auf so einen Robert hatte ich jedenfalls nicht. So einer, der nur dumm herumsülzte und nur gerne »mal möchte«, so einer konnte mir gestohlen bleiben.

In der Schule hatte ich ein Problem: Frau Ottens. Sie war meine Deutschlehrerin und hatte mich auf dem Kieker. Wahrscheinlich gefiel ihr meine Art nicht, mich zu kleiden, sie traute sich wohl nicht, selber so herumzulaufen. Sie war immer angezogen wie eine graue Maus, so richtig wie eine Lehrerin. Sie war einfach neidisch. Den letzten Aufsatz hatte sie mit einer »Fünf« benotet. Sie meinte, ich hätte das Thema verfehlt. Dabei hatte ich mir doch solche Mühe gegeben. Und das wollte ich ihr heimzahlen. Am liebsten hätte ich sie umgebracht.

Andererseits, wenn sie einfach tot gewesen wäre, hätte sie ja gar nicht leiden müssen. Und genau das sollte sie. Ich überlegte. Was gab es sonst für Möglichkeiten? Um den Hals trug sie eine Kette, und daran hing ihr Gatte. Ich meine, ein Foto von ihm, als Medaillon.

Das brachte mich auf die Idee. Ich würde ihren dämlichen Alten umbringen! Dann wäre sie bestimmt schrecklich traurig und müßte heulen. Ich stellte mir vor, wie sie in Tränen zerfließen würde. Das tat gut. Bestimmt war sie so eine Memme.

Ich weihte Petra und Sabine in meinen Plan ein, den Alten von Frau Ottens umzubringen. Beide waren sehr skeptisch. Sie zweifelten, ob eine Ferntötung wirklich funktionieren könnte. Sabine hatte sogar moralische Einwände, aber da half mir Petra.

»Was kümmerst du dich um so eine Schrulle«, sprach sie mir aus dem Herzen. »Sie hat's bestimmt verdient. Lehrerinnen sind sowieso alle doof.«

Wir trafen uns wieder bei mir. Tisch in der Mitte, das Zimmer verdunkelt, die brennende Kerze, das war schon nichts mehr Aufregendes, das war schon feste Regel. Ich schrieb den Namen »Ewald Ottens« auf einen Zettel und malte darauf ein Kreuz mit Hörnern. Einen Kreis dazu, wie damals bei Krischan, mit den Anfangsbuchstaben von mir, Petra und Sabine. Wir setzten uns um den Tisch, hakten uns wieder mit den Fingern ein und konzentrierten uns. Plötzlich ging die Tür auf, und meine kleine Schwester kam herein. Sie sah uns um den Tisch sitzen, und wir müssen auch ziemlich blöde geguckt haben, denn sie fing an zu lachen. Sie lachte uns aus. Wir sitzen bei einer Ferntötung, und die Kröte kommt einfach rein und lacht! Was für eine Unverschämtheit! Diese Göre. Ich schmiß sie raus. Wir mußten wieder von vorne anfangen. Es dauerte ein bißchen, bis unsere Konzentration wieder so weit war, wie wir sie brauchten. Wir saßen da und blickten in die Flamme. Ich dachte an IHN, und bald setzte die Angst ein. Das war der Moment: Ich unterbrach den Kreis, nahm den Zettel mit der Zeichnung und hielt ihn so über die Flamme, daß er von der Mitte, vom Hörnerkreuz her, anfing zu brennen. Als er brannte und das Loch groß genug war, ließ ich ihn über die Kerze fallen. Der Zettel legte sich um die Kerze und brannte aus. Dann war es genug.

Wir öffneten schnell das Fenster, und Petra und Sabine waren ziemlich schweigsam. Sie verabschiedeten sich bald. Ich war zufrieden, auch ich wollte erst mal alleine sein.

Eine Woche später fehlte Frau Ottens in der Schule. Ihr Mann sei plötzlich gestorben, wurde erzählt. An einem Gehirnschlag, beim Schwimmen im Hallenbad sei er abgesoffen.

Ich ging am selben Tag noch in den Garten und grub den Füller aus.

7. KAPITEL

Die Wochen und Monate danach lebte ich wie im Taumel. Wie gewaltig die Macht SATANS war, hatte ich geahnt, und meine Angst wurde mir immer erklärlicher. Und doch mischte sich in diese Angst ein großartiges Triumphgefühl. Ich, die kleine Ricky, hatte durch IHN Gewalt und Macht über Leben und Tod.

Und keiner wußte es.

Außer Petra und Sabine.

Na ja, die beiden wußten das mit der Ferntötung, aber sie wußten nicht, welche Kraft ich beschworen und eingesetzt hatte. Trotzdem, die beiden wurden mir unangenehm. Sollte ich sie vielleicht auch ...?

Nicht sofort, ich wollte erst abwarten, wie sie sich verhalten würden. Vielleicht war es überhaupt nicht nötig, sie zu töten, um sie mir vom Hals zu halten. Ich spürte fast so etwas wie Verantwortung für das Leben von Petra und Sabine. Ein unbeschreibliches Gefühl der Macht überkam mich. ER hielt sein Versprechen.

Glücklicherweise haben sich die beiden nie wieder bei mir blicken lassen. Wie abgeschnitten war der Kontakt. Sie gingen mir aus dem Weg, und ich war ja auch nicht wild darauf, sie wiederzusehen.

Frau Ottens war tatsächlich eine Memme, genauso wie ich es vermutet hatte. Sie kam erst nach einer Woche wieder in die Schule, natürlich mit verheulten Augen. Aber ich konnte mit ihr kein Mitleid haben, es war ihr doch nur recht geschehen.

Langsam begann sie sich zu verändern. Das auffälligste: Sie trug nun genau wie ich Schwarz. Und sie hatte ihre Strenge verloren. Sie schrie uns nicht mehr an, und auch in der Benotung unserer Arbeiten verbesserte sie sich.

Das hatte ich doch gut gemacht. Die ganze Klasse hätte mir eigentlich dankbar sein müssen.

Aber die wußten ja nichts.

Ich hatte in der Zeit auch Angst vor meinem schlechten Gewissen. Aber die andere Angst war stärker. Da habe ich lieber die Kraft, die mich mein schlechtes Gewissen gekostet hätte, dafür genutzt, Macht haben zu können. Und wieso hätte ich denn auch ein schlechtes Gewissen haben sollen? Wir müssen doch alle mal sterben, und der Tod von Frau Ottens' Mann war doch im Ergebnis ganz positiv. Sogar Frau Ottens selber mußte mir doch eigentlich dankbar sein. Daß sie so milde geworden war, das konnte ich mir nur zu gut erklären: Sie war mit ihrem Alten doch ihr größtes Problem auf Dauer los.

Trotzdem hatte ich mit meiner Macht auch meine Schwierigkeiten. Ich hatte gesehen, wie groß SEINE Macht war. Aber ich konnte mir immer noch nicht sicher sein, daß ich sie richtig einsetzte.

Ich konnte also töten. Aber ich mußte auch vorsichtig damit sein. Vielleicht tötete ich ja schon durch das bloße Darandenken? Papa hatte mich neulich geschlagen. Ich war ganze zehn Minuten zu spät nach Hause gekommen. Ich war am Rhein mit dem Rad spazierengefahren und hatte einen Platten bekommen. Deswegen kam ich zu spät. Papa war schon komisch manchmal. Meistens kümmerte er sich überhaupt nicht um mich und war nur ganz selten zu Hause, aber wenn er mal Zeit hatte, dann nahm er's plötzlich ganz genau. Er fragte mich noch nicht einmal, warum ich denn zu spät gekommen war, sondern schlug sofort zu. Er schlug mir einfach mit seiner Hand voll ins Gesicht.

Ich lief in mein Zimmer und dachte wütend an Papa: Dafür könnte ich dich umbringen!

Und da erschrak ich, denn die Angst war wieder da, also war ER anwesend, und vielleicht hatte ER mitbekommen, daß ich Papa verflucht hatte. Ich ging zum Spiegel, schaute nach dem Blut, alles war noch da, und ich dachte: Nein, doch nicht Papa.

DOCH NICHT PAPA!!!

Und ich hatte wieder schreckliche Angst. Ich habe eine ganze Woche lang nachts geschwitzt. Und meine Bauchschmerzen kamen wieder, und ich hatte wieder diese schreckliche Regel.

Papa hat's überlebt.

ER meinte es wirklich gut mit mir.

Ich brauchte ein paar Wochen, bis ich mich von meiner Ferntötung erholt hatte. Ich konnte sie zwar immer noch nicht schrecklich finden, aber ich mußte wohl nun lernen, mit meiner Macht richtig umzugehen.

Ich überlegte mir damals, daß ich mit dieser Kraft ja auch Gutes tun könnte. Bestimmt hätte ER gar nichts dagegen. ER war ja gar nicht so, wie es in der Bibel stand. Ich meine, so war ER auch, aber eben nicht nur. Daß ER so melancholisch war wie Papa, das wußte doch keiner. Außer mir.

Da ich mit den Erwachsenen eher schlechte Erfahrungen gesammelt hatte, interessierte ich mich einfach für die Kinder in der Nachbarschaft. Vor denen brauchte ich keine Angst zu haben, und die hatten es auch nicht nötig, mich retten zu wollen wie der Kalle. Da gab es auch reichlich zu tun. Niemand kümmerte sich um sie. Das habe ich dann angefangen. Und reichlich Elend gesehen. Viele Kinder wurden zu Hause geschlagen. Bei manchen Eltern verstand ich gar nicht, warum sie ihre Kinder überhaupt bekommen hatten. Oft wurden die Kinder nach dem Mittagessen – manchmal gab's noch nicht einmal das – auf die Straße geschickt, und sie durften erst zum Abendessen wieder in die Wohnung. Es war furchtbar.

Ich habe mit ihnen gespielt. Ich habe Schnitzeljagden organisiert, Geländespiele und Fußball mit ihnen gespielt. Es war einfach schön, diese Kinderaugen zu sehen. Und was konnten die strahlen, wenn man sich nur ein wenig um sie kümmerte! Und sie hatten keine Angst vor mir, vor meinen schwarzen Sachen und meinem Ruf, eine mystische Verrückte zu sein.

In der Schule hatte ich kaum noch Kontakt zu meinen Klassenkameraden. Für die habe ich nur gesponnen. Und auch über meinen »Kindergarten« wurde nur gewitzelt. Da kamen dann so Sprüche: »Die spielt die mystische Kindergartentante, weil sie keinen Freund findet.« Menschen können ziemlich gemein sein.

Aber daß ich keinen Freund hatte, das gab sogar meiner Mama zu denken. War sie anfangs über meinen Kindergarten eher belustigt, kam sie bald mit ähnlichen Sprüchen. Es stimmte ja, ich konnte mit Gleichaltrigen nichts anfangen. Sie gingen mir alle auf die Nerven. Und Mama? Sie wußte auch nicht, was sie wollte. Wenn wir schon mal über das Thema sprachen, was selten genug passierte, dann warnte sie mich immer vor den »Männern«, und daß ich um Himmels willen »aufpassen« solle. Nun brauchte sie sich also keine Sorgen darum zu machen, aber das war ihr dann auch nicht recht.

Immerhin traf ich mich hin und wieder mit Kalle, und ich schaffte es, ihm keine Angst mehr zu machen. Wir knubbelten sogar ein bißchen herum, aber mehr nicht. Ich wollte keinen festen Freund haben. Und diese Rumknubbeleien waren ja ganz nett, aber selbst das konnte man nicht ungestört tun. Bei mir zu Hause ging's sowieso nicht. Nicht, daß wir dort nicht gelegentlich alleine gewesen wären. Es ging einfach nicht. Ich konnte es mir auch nicht so recht erklären, wahrscheinlich war's diese kalte Atmosphäre. Dem Kalle war so was egal. Jedenfalls bei uns zu Hause. Bei ihm zu Hause ging's auch nicht, da war immer zu viel los. Kalle hatte noch fünf Geschwister, alle jünger als er.

Da blieben nur die Büsche, und das fand ich nicht gut.

Die Angst nachts war mir aber geblieben. Sie war mal stärker, mal schwächer, aber sie war immer da. Und meine

Bauchschmerzen blieben auch. So mußte ich immer wieder an Krischan denken. An seine Worte: »Das einzige ehrliche Gefühl ist der Haß.« Ich hatte große Angst davor, daß er recht behalten könnte. Aber was ich rings um mich her erlebte, die Lieblosigkeit von manchen Eltern »meiner« Kinder, was in der Schule passierte oder gerade nicht passierte, in meinem Bekanntenkreis, es war alles so öde. Was die Menschen sich alles antun, und sie merken es noch nicht einmal!

Da war mir mein Kindergarten lieber. Überhaupt merkte ich in dieser Zeit, daß es mir Freude machte, anderen zu helfen. Mama meinte damals nur: »Die Ricarda hat jetzt ihren sozialen Tick!« Das stimmte. Ich kümmerte mich jetzt nicht nur um die Kinder, überhaupt begann ich mich für soziale Probleme zu interessieren. In Köln wurde die Stollwerk-Fabrik besetzt, neue Lebensformen wurden ausprobiert, das fand ich interessant und spannend. Ich beschloß, mich dort ein wenig einzumischen. Vielleicht fand ich eine Lebensform, die anders war als bei uns zu Hause. So wie Papa und Mama wollte ich jedenfalls nicht leben.

Kalle beschwatzte mich, auf eine Fete zu gehen. Ich war lange nicht mehr auf Feten gewesen, es war mir immer zu eng dort geworden. Aber Kalle ließ nicht locker, und schließlich tat ich ihm den Gefallen.

Auf dieser Fete lernte ich Volker kennen. Er war groß, blond und hatte blaue Augen. Fast schon kitschig. Und er hatte einen Ohrring. Und Interesse an mir. Und ein Auto. Und neuerdings sogar eine eigene Wohnung. Das gefiel mir.

Armer Kalle.

Ich traf mich mit Volker öfter in seiner Wohnung. Da sah es immer ziemlich wüst aus. Viel unabgewaschenes Geschirr, die Wohnung immer unaufgeräumt, schmutzige Wäsche lag herum, aber das gefiel mir. Es war ganz anders als bei uns zu Hause. Und Plastikblumen hatte Volker nicht: Er hatte überhaupt keine Blumen.

Tagsüber arbeitete Volker bei der Sparkasse. Da mußte er ordentlich und penibel gepflegt aussehen. Ganze drei Anzüge hatte er. Es war schon komisch: In seiner Wohnung ging es drunter und drüber, die Unterhosen lagen im Kühlschrank, aber nach außen war er gestriegelt. Die Anzüge hatten so was wie einen Extraplatz. Die hängte er immer gleich in den Kleiderschrank und paßte sogar auf, daß er mit ihnen dabei die Butter nicht streifte.

Wir haben öfter mal was unternommen, meistens sind wir ins »Crash« gegangen. Das war eine Disco, in der hauptsächlich ziemlich wilde Punk-Musik lief. Da stand ich drauf.

Vorher haben wir uns immer gemeinsam fertig gemacht: Volker hatte Perückensprays in allen Farben, und er verwandelte sich innerhalb von einer Stunde vom Bankangestellten im Zweireiher in einen ziemlich wilden Punk mit Lederhose und roten Haaren. Und seinen kleinen Brilli, den er tagsüber in der Bank im Ohr trug, wechselte er aus gegen eine Rasierklinge. Die hatte er zwar stumpf gemacht, aber ich fand's trotzdem einfach irre.

Irgendwann habe ich meinen Ekel überwunden und mit Volker geschlafen. Ich hatte ihn gebeten, vorsichtig zu sein, und er gab sich alle Mühe. Es tat nicht so weh wie damals mit Krischan, aber das sollte nun »Liebe« sein? Es war mir doch ziemlich unangenehm gewesen, und ich hatte eher das Gefühl, ihm einen Gefallen tun zu müssen. Ich fand's ja auch toll, mit ihm ins »Crash« zu gehen. Er war wohl offenbar wie alle Männer: Die brauchten das ganz einfach.

Ich hätte es ja auch in Kauf genommen, aber merkwürdigerweise begann Volker sich zu verändern. Er drängte mich auf einmal, ich solle mich »um die Küche kümmern«, und ich könnte eigentlich »ruhig mal mit aufräumen«.

Da war's vorbei. Wie behandelte der mich eigentlich?

Ich mußte wieder ein paar Nächte schwitzen, aber das war mir lieber, als für so einen Blödmann die Mami spielen zu müssen. So toll war er nun auch nicht.

Ich hielt es in meinem Zimmer nicht mehr aus. Papa und Mama waren ziemlich erschrocken, als ich die Plastikblumen rausschmiß, die Matratze auf den Fußboden legte und das übrige Mobiliar auf den Flur stellte. Und die Blümchentapete habe ich einfach überstrichen.

Knallila.

Mama war todunglücklich, auch Papa wußte erst nicht so recht, was er davon halten sollte. Ich schrie sie an: »Das ist MEIN Zimmer, ich schreib euch ja auch nicht vor, wie's in eurem Schlafzimmer aussieht! Wenn ihr das nicht abkönnt, dann gibt's eben Krieg, und wenn ihr Krieg haben wollt, dann könnt ihr Krieg haben!« Ich knallte ihnen die Tür zu.

Merkwürdigerweise habe ich in der Nacht gut geschlafen.

Papa sprach seitdem kein Wort mehr mit mir. Aber das war mir egal. Wenn er nicht mehr wollte, ich konnte ihm da nicht helfen. Und Mama sah mich immer nur noch sorgenvoll an, unerträglich.

Abends bin ich weiter ins »Crash« gegangen. Ab und zu sah ich dort den Volker, aber der war mir egal. Das heißt, ganz egal war er mir nicht. Meine Erfahrung mit ihm war für mich der letzte Beweis, daß es so was wie Liebe unter den Menschen nicht gab. Er wollte mich ausnutzen. Eine Spülmaschine aus mir machen.

Schwein.

Und da fiel es mir dann auch auf, was für eine klägliche Figur er eigentlich war. Natürlich war die Rasierklinge stumpf. Und er traute sich auch nur nach Feierabend, ein Punk zu sein. Er war überhaupt kein echter Punk. Ein kläglicher Aushilfspunker.

Gut, daß ich ihn nicht habe lieben können. SATAN hatte mich davor bewahrt, auf ihn reinzufallen.

Die echten Punks hingegen gefielen mir sehr gut. Sie hatten ein tolles Lebensgefühl, so wie die waren, so fühlte ich mich auch: alles so öde und tot: No future. Und sie trauten sich wenigstens, das auch zu sagen.

Ab und zu gab's auch Livekonzerte im »Crash«, die waren toll! Das war der heißeste Punk überhaupt! Ich fand das toll, diese laute Musik, und vor allem fand ich es toll, wenn die Bässe mir das Zwerchfell rubbelten.

Einmal spielten dort die »Black Bocks«, Punk vom Feinsten. Und da sah ich ihn. Er spielte Baß. Er hatte sein Gesicht ganz weiß geschminkt. Seine Augenhöhlen waren ganz rot. Und er trug auch was im Ohr, aber keinen Ring oder eine stumpfe Rasierklinge. Ich sah genauer hin.

Das kannte ich doch von Krischan. Ein stechender Schmerz ging mir durch den Bauch.

An beiden Ohren hingen Kreuze.

Aber falsch herum.

Benno.

8. KAPITEL

Ich war in heller Aufregung. Ich hörte die Musik gar nicht mehr. Im Rhythmus eines dumpf dröhnenden Basses sah ich nur noch, wie zwei umgedrehte Kreuze vor meinen Augen auf und ab tanzten.

Vielleicht kannte der Bassist ja Krischan? Vielleicht war der ja auch da? Ich suchte die ganze Disco nach ihm ab, nichts. Aber den Bassisten hatte ich ja noch. Ich konnte es gar nicht mehr abwarten, fast wäre ich zu ihm auf die Bühne gestiegen.

Dann war das Konzert endlich zu Ende.

Der Typ war total geschafft, schweißüberströmt. Ein bißchen von der roten Schminke lief ihm aus den Augen über das Gesicht. Wahnsinn. Ich wartete ab, bis der Pulk um die Truppe sich ein wenig aufgelöst hatte, dann ging ich hin. Ich hörte mein Herz wild klopfen, und ich hatte so ein Ziehen im Bauch; meine Hände zitterten.

»Ich bin die Ricky«, sprach ich ihn an. »Hallo«, sagte er nur. Hach, war das alles schwierig. »Ich bin die Ricky«, wiederholte ich mich.

»Na gut, ich bin der Benno.«

Ich hielt es nicht mehr aus: »Was hast denn du da für Kreuze in den Ohren?«

»Na, so Kreuze.« Er wiegelte ab.

»Sag mal«, platzte es aus mir heraus, »kennst du vielleicht den Krischan?«

Er sah mich groß an: Das hatte eingeschlagen.

»Ich weiß nicht«, sagte er gedehnt. »Wieso suchst du ihn denn?«

Das konnte ich ihm natürlich nicht sofort auf die Nase binden. »Nur so«, sagte ich. »Ich will ihn nämlich was fragen.«

Er sah mich prüfend an.

Diese Augen!

»Hast du vielleicht schon mal was von SATAN gehört?«

Ich wäre vor Schreck beinahe hintenüber gefallen! Meine Vermutung war also richtig gewesen. Und ein Gefühl der Befreiung durchströmte mich. Ich fühlte mich gleich nicht mehr so allein.

»Ja«, sagte ich nur.

Benno schaute mich so komisch an. »Paß auf, wir wohnen in einer WG in der Agnesstraße 16, auf der Klingel steht Müther. Du kannst mich ja mal besuchen kommen, abends.«

Ich nickte wie automatisch. »Na klar, ich komme.«

Agnesstraße 16. Bei Müther.

Agnesstraße 16. Bei Müther.

Agnesstraße 16. Bei Müther.

Agnesstraße 16. Bei Müther.

Agnesstraße 16. Bei Müther.

Agnesstraße 16. Bei Müther.

Agnesstraße 16. Bei Müther.

Ich war wie in Trance. Ich fuhr nach Hause, mit dem Rad. Wieder mußte ich erst 'ne Weile schieben. Zurück in mein lila Zimmer. Die Abdrücke auf dem Spiegel waren noch da. Das Blut hatte ich überstrichen. Aber unter der lila Farbe war es ja noch da.

Den ausgegrabenen Füller hatte ich in einem besonderen Schränkchen versteckt, in dem ich alle meine okkulten Gegenstände aufbewahrte. Ich holte ihn heraus, hielt ihn fest in der Hand, klammerte mich geradezu an ihm fest und nahm in mit ins Bett. Ich hatte wieder schreckliche Angst, aber ich mußte sie aushalten. Ich wollte schlafen. Vielleicht hatte ich wieder einen Traum, in dem SATAN mir erschien oder ER mir sonst ein Zeichen gab. Ganz fest machte ich die Augen zu. Aber ich konnte nicht schlafen. Unruhig mußte ich mich hin und her wälzen, ich hielt die Spannung kaum noch aus. Benno. Krischan. SATAN. Nein, ich wollte nicht an IHN denken. Jetzt nicht. Und trotzdem hielt ich den Füller fest gepackt. Ich wollte ihn spüren. Benno. Krischan. Benno. Benno. Ich sah ihn vor mir. Seine roten Augen. Das Kribbeln war wieder da. Wie seine Augen ausgelaufen sind. Das sah so traurig aus. Ich wollte ihn wiedersehen. Angst mischte sich mit Hoffnung, und in die Hoffnung mischte sich wieder Angst.

Angst.

Ich wollte doch keine Angst mehr haben. Vielleicht konnte Benno mir auch helfen. Es stieg alles wieder in mir hoch.

In die Schule bin ich am Morgen nicht gegangen. Ich fuhr mit dem Rad zum »Falken«-Heim und schaute auch am Bunker vorbei und fand die Stelle wieder, wo Krischan damals SATAN angerufen hatte. Ich erinnerte mich deutlich, wie Krischan zum erstenmal von meinen Fähigkeiten gesprochen hatte und was bis jetzt tatsächlich alles eingetroffen war. Damals hatte ich freilich nicht geahnt, wie einsam ich mit diesen Fähigkeiten werden würde. Genausowenig, daß ich, merkwürdigerweise, immer mehr Angst bekam, je mehr ich SEINE Macht entdeckte. Aber irgendwann mußte doch mal der Punkt erreicht sein, wo die Macht größer wurde als die Angst.

Und jetzt hatte ich Benno getroffen.

Ich war mir auf einmal ganz sicher, daß das kein Zufall gewesen sein konnte, sondern daß ER mich ins »Crash« geführt hatte. ER, der es gut mit mir meinte. Der einzige, auf den ich mich verlassen konnte. Es war mein Schicksal und mein Glück, daß ich IHN gefunden hatte, denn er wies mir jetzt den Weg. Und ER hatte recht behalten, ich mußte mich nur ganz und gar IHM, meinem Schicksal, überlassen.

Ich konnte es kaum aushalten, bis es Abend wurde.

Gegen sechs Uhr habe ich mich in die Agnesstraße getraut. Nr.16. Als ich das Fahrrad gegen die Hauswand stellen wollte, ist es mir einfach aus der Hand gefallen. Ich stand vor einem dreigeschossigen, völlig normalen Mietshaus. Daß die hier in so einer Gegend und in so einem Haus überhaupt an Wohngemeinschaften vermieteten. Vielleicht hatte Benno mich nur verarscht? Ich kriegte Beklemmungen und ging zur Haustür. Richtig: »Müther« stand an der obersten Klingel rechts. Ich atmete auf. Und klingelte. Es dauerte eine Ewigkeit. Dann summte der Öffner.

Ich ging bis in die zweite Etage, dort an der Wohnungstür stand eine Frau. »Ich bin die Ricky«, sagte ich, »ich bin mit dem Benno verabredet, ist er vielleicht da?«

»Soll reinkommen, Vera, ist schon in Ordnung«, kam es aus der Wohnung. Benno. Er war zu Hause.

Ich ging hinein.

Es kam mir gleich alles so bekannt vor. Es war so ähnlich wie bei Krischan. Eine komische Stimmung war in dieser Wohnung, aber sie gefiel mir auf der Stelle. Benno saß in der Küche und rauchte einen Joint. Er bot ihn mir an. Ich hatte früher schon mal in der Clique Haschisch geraucht, ich wußte, wie das war. Aber seither hatte ich lieber Alkohol getrunken. Dennoch griff ich mir jetzt den Joint.

Vera kam in die Küche.

»Laß mich mal mit der Ricky hier alleine«, sagte Benno.

Vera ging ohne ein Wort zu sagen hinaus. Wir rauchten schweigend. Ich sah ihn erwartungsvoll an. Ich fand, er sah toll aus. Besser sogar als Krischan. Auch ohne Schminke. Er war nicht schön, aber er hatte was. Ich dachte daran, wie er Baß gespielt hatte und wie er mein Zwerchfell gerubbelt hatte. Es fing langsam an zu kribbeln.

»Du kennst also den Krischan«, fing er an.

Ich erzählte, daß ich mit ihm mal eine Beschwörung gemacht hatte.

»Das ist ja sehr interessant«, sagte er anerkennend. »Du kennst also auch die Macht SATAN?«

»Ja«, sagte ich, und die Angst kroch in mir hoch und schnürte mir den Hals zusammen. Das Kribbeln war wieder voll da.

»Ich mach dir einen Vorschlag«, meinte er. »Wir haben am nächsten Samstag hier eine Fete, da kannst du kommen.«

Ich war natürlich einverstanden. Jetzt war es Mittwoch, also nur noch zwei Tage.

»Aber jetzt mußt du gehen, wir haben hier gleich noch eine ... eine ... eine Sitzung, da kannst du nicht hierbleiben. Also bis Samstag, aber komm nicht vor neun, sonst mußt du wieder gehen.«

Irgendwie kriegte ich diese zwei Tage herum. Ich bin sogar zur Schule gegangen. Mit dem Füller. Ich trug ihn nun ständig bei mir. Aber geschrieben habe ich noch nicht damit. Nachts habe ich wieder geschwitzt, und ich habe meine Regel gekriegt. Eine ziemlich starke Blutung.

Am Samstag nachmittag habe ich mich dann zurechtgemacht. Jeans und schwarzes Hemd, aber für mein Gesicht habe ich mir was Besonderes einfallen lassen. Ich schminkte es grauschwarz, nur die Augenhöhlen und den Mund schminkte ich lila. Lila wie die Farbe meines Zimmers. Aus meinen Haaren habe ich mit Zuckerwasser so was wie einen Heiligenschein gemacht. Es sah irre aus. Mama ist sehr erschrocken, als sie mich weggehen sah. Sie hat mich im ersten Moment gar nicht erkannt. Mir tat das gut, so unerkennbar zu sein.

Pünktlich um neun klingelte ich bei Müther. Wieder dieses Kribbeln. Ich hatte Angst, aber ich mußte da hoch. Ich mußte da durch. Diesmal ging es schneller mit dem Summer. Ich rauf in den zweiten Stock. Die Musik hörte ich schon im Treppenhaus. Wahnsinnsmusik. Es waren ziemlich viele Leute da. Ich kannte niemand von ihnen. Außer Benno und Vera. Benno lag mit einer Frau auf einem Sofa und die beiden knutschten.

Und Krischan war da.

Einfach da.

Mir rutschte das Herz in die Hose, und ich hätte beinahe reingemacht. Was hab ich mich erschrocken. Plötzlich war er wieder da!

Er hat mich erst gar nicht erkannt. Ich merkte es, ging aufs Klo und putzte mir die Schminke vom Gesicht. Dann ging ich zu ihm.

»Hallo, Krischan.«

Er guckte mich an, ich guck ihn an, plötzlich erkennt er mich. Er mußte ganz schön durchatmen. Nach 'ner Weile hatte er sich dann wieder im Griff: »Mensch, hallo, Ricky! Das ist aber schön, daß wir uns mal wiedersehen.«

Das fand ich auch. Ich fragte ihn, ob er noch immer was mit schwarzer Magie machte.

Er wich zunächst aus.

Da erzählte ich ihm, daß ich seit damals eine ganze Menge Erfahrungen gemacht hatte, und erzählte ihm von meinen Experimenten. Vor allem von den gelungenen.

Krischan zeigte sich sehr interessiert.

Ich fragte ihn, was er denn so treibe, doch hüllte er sich darüber in geheimnisvolles Schweigen.

Ich fand das spannend.

Er fragte mich genauer zu meinen Experimenten aus. Und ich erzählte ihm, was er wissen wollte. Aber so recht wohl war mir nicht dabei. Krischan bemerkte, daß ich hibbelig wurde. Er guckte mich auf seine komische Art an und meinte:

»Du hast aber Angst dabei.«

»Ja«, gestand ich ihm, »ich hab Angst. Die hab ich immer gehabt. Seit wir zusammen im Wald waren, habe ich diese Angst.«

Da wurde er auf einmal sehr ernst.

»Weißt du, wir sind so eine Gruppe von Leuten und treffen uns ziemlich oft. Es gibt einen harten Kern, und wir arbeiten daran, unsere Fähigkeiten optimal auszubauen. Wir praktizieren die Schwarze Magie, und wir haben schon unglaubliche Sachen gebracht. Es ist der helle Wahnsinn, was wir schon für eine Macht haben, und ...« Seine Stimme bekam einen geradezu beschwörenden Klang: »Wir sind alle total angstfrei. Wir können dir beibringen, wie du das auch schaffen kannst.«

Ich wußte nicht, wie mir geschah. Das war endlich die Erlösung! Ich geriet fast wieder in Trance.

Krischan fuhr fort: »Ich habe dir ja damals schon gesagt, diese Fähigkeiten hat nicht jeder, und du bist auch ein Medium. Ich finde das toll, wie du deine Fähigkeiten schon weiterentwickelt hast. Wahnsinn.«

Ein unglaubliches Glücksgefühl überkam mich. Nach endlos langer Zeit des Alleinseins, nach einer Zeit, in der ich es aushalten mußte, als »verrückt« zu gelten, in der ich immer einsamer geworden war, weil ich immer weitergehende Erfahrungen gemacht hatte, nach dieser furchtbaren Zeit der Schmähungen hatte ich endlich eine Heimat gefunden. Hätte Krischan nun verlangt, ich solle ihm meine Mama verkaufen, ich hätte sie ihm auf der Stelle geschenkt, Papa gleich dazu.

Aber er verlangte gar nichts.

Er sagte nur, er könne mich den Leuten der Gruppe vorstellen, und ich solle erst mal sehen, wie ich damit klar kommen würde. Es sei alles nicht so einfach. Schließlich sei mit der Magie nicht zu spaßen, schon gar nicht mit der Schwarzen. Wenn ich mit den Leuten der Gruppe klar käme, wäre alles gut. Er käme dann irgendwann wieder und gäbe mir Bescheid.

Mir war alles recht.

Ich hatte Krischan wiedergefunden, und er hatte verstanden, was mit mir los war. Und er war gleich bereit, mir zu helfen, die Angst loszuwerden. Und ich war endlich nicht mehr allein, sondern in einer Gruppe von Gleichgesinnten.

An diesem Abend lernte ich die Gruppe kennen.

Der »harte Kern« – wie Krischan sich ausgedrückt hatte – bestand aus Benno, Günther, Gabi, Michael und Vera. Bis auf Günther wohnten sie alle in der WG. Das fand ich toll. Wäre das schön, könnte ich mit der Gruppe auskommen! In einem halben Jahr würde ich achtzehn Jahre alt sein und könnte endlich von zu Hause wegziehen. Von einer Wohngemeinschaft hatte ich schon lange geträumt. Dieses Papa-Mama-Kind-Spiel hatte ich satt. Dieses Liebe-Vorheucheln.

Die anderen Leute auf der Fete waren eher Mitläufer, die sogenannte Meute. Zu denen gehörte ich nun also auch. Aber Krischan hatte keinen Zweifel an meinen besonderen Fähigkeiten. Ich würde mich schon durchboxen. Das Kribbeln ging gar nicht mehr weg.

Krischan stellte mich den fünfen vor. Benno kannte ich schon. Dann Gabi, Vera, sie war die Schwester von Benno, und eben Günther. Ich fühlte mich fast schon wie zu Hause. Ich meine nicht, wie bei Papa und Mama, sondern eben zu Hause. Und Krischan fragte mich noch etwas: »Hast du noch deinen Füller?« Daß er das noch wußte!

»Natürlich!« Ich zog ihn aus der Tasche: »Hier.« Krischan nahm ihn an sich und sagte: »Es ist besser, wenn ich ihn erst mal an mich nehme. Du wirst ihn wiederbekommen, wenn du soweit bist. Ach ja«, er hielt für einen Moment inne, »Benno hat mir erzählt, wie er dich kennengelernt hat. Ich finde, ihr paßt gut zusammen. Benno wird sich besonders um dich kümmern.«

Wahnsinn!

Es wurde noch ein toller Abend. Es wurde viel Haschisch geraucht, Bier getrunken, und diese Wahnsinnsmusik lief die ganze Zeit. Ich ging zur Anlage und suchte die Plattenhülle raus: Es war eine Platte von Aphrodite's child: 666. Eine Frauenstimme stöhnte die ganze Zeit: I am to come I was. Toll.

Um elf Uhr sollte ich zu Hause sein. Das war mir egal. Ich

bin fast bis zwölf Uhr dageblieben. Als ich mich dann verabschieden mußte, sagte Benno zu mir: »Ich ruf dich morgen an. Mittwoch abend läuft was.«

Auf der Fahrt nach Hause hielt das Kribbeln die ganze Zeit an. Aber ich mußte mein Rad nicht einen Meter schieben. Zu Hause gab es merkwürdigerweise keinerlei Ärger. Papa redete ja sowieso nicht mehr mit mir, aber Mama hatte mir oft genug die Ohren vollgejammert. Ging die mir auf die Nerven. Aber an diesem Abend war nichts. Vielleicht hatte Krischan mit Magie seine Hand im Spiel? Es war ihm zuzutrauen. Ich schaute auf die Abdrücke auf dem Spiegel und strich mit der Hand über die Stelle, wo die Farbe das Blut bedeckte. Krischan hatte den Füller an sich genommen. Ich hatte zwar wieder ein bißchen Angst, aber ich mußte nicht so schwitzen, und ich habe traumlos geschlafen.

Am nächsten Nachmittag rief Benno an. Ich sollte Mittwoch so gegen sieben in die Agnesstraße kommen, mich dunkel anziehen, wir gingen auf eine Fete. Toll.

Ich bin sogar zur Schule gegangen.

Am Mittwoch Punkt sieben habe ich geklingelt. Kurze Begrüßung. Als ich Benno sah, freute ich mich, und wie es mir schien, freute er sich auch. Ich wollte ihn umarmen, aber er schüttelte mich ab. Es war ihm unangenehm. Wir fuhren mit Günthers Auto zu der Fete, ein 280er Mercedes. Toll. Die Fete war draußen in Worringen, auf einer Müllkippe. Ein gespenstischer Anblick bot sich mir dar: Überall kokelte es, eine Menge Leute mit geschminkten Gesichtern und dunkel gekleidet, eine total mystische Atmosphäre und unheimliche psychedelische Musik aus Kassettenrecordern. Die Leute standen in Gruppen zusammen, und wo man auch hinhörte: Gespräche über Magie, Astralreisen, Pendeln, SATAN, über Macht und Okkultismus.

Wahnsinn, es war genau das, was ich gesucht hatte, es war der Kontakt überhaupt. Plötzlich war auch Krischan wieder da. Er sagte sogar zu den anderen: »Hier, die Ricky, die hat schon einiges drauf.« Das hat er tatsächlich gesagt. Vor anderen. Ich war nicht mehr allein. Ich fühlte mich wie ein Kind bei McDonald's mit freier Auswahl. Das ging mir runter wie Öl. Und er sagte, daß er mit Benno gesprochen habe, er hätte nichts dagegen, wenn wir zusammen wären.

Krischan war für mich unerreichbar. Aber Benno war auch toll. Ich fühlte mich ein bißchen wie im Märchen: Der Traumprinz hatte aus dem Aschenputtel eine Prinzessin gemacht.

Langsam wurde es dunkel. Eine Wahnsinnsatmosphäre. Ein Feuerspucker spuckte Feuer. Und Krischan hat wieder geblutet. Er ließ Gegenstände verschwinden, ließ sie wieder auftauchen und verschwinden. Und er sprach wieder diese magischen Beschwörungsformeln. Ein Schauer nach dem anderen lief mir den Rücken runter.

Benno und ich waren von nun an zusammen. Wir trafen uns häufiger und gingen auf Feten. Und ich fuhr schon von der Schule aus in die WG. Ich glaubte wirklich, daß ich mich in ihn verliebt hatte. Mit ihm wollte ich gerne ausprobieren, wie das war, mit dem Sex. Ich wäre gerne mit ihm ins Bett gegangen, aber da lief überhaupt nichts. Benno hatte noch eine Freundin, mit der schlief er wohl auch manchmal. Das tat mir ziemlich weh, aber Benno ließ da nicht mit sich reden. Er meinte, ich sollte mal langsam mein Spießertum ablegen. Das wollte ich ja auch, aber das war nicht so einfach. Ich hatte eine unglaublich naive und idealistische Vorstellung von Partnerschaft. Die hatte ich wohl aus irgendwelchen Kitschfilmen oder Backfischromanen. Ich hoffte immer noch stupide auf so was wie Liebe. Dabei hätte ich es längst besser wissen müssen. Krischan hatte mir ja schon damals gesagt, das einzige ehrliche und wahre Gefühl sei der Haß. Aber ich lernte schnell.

Nach Hause gefahren bin ich dann nur noch zum Schlafen. Mama heulte gelegentlich, Papa war alles egal.

In der WG habe ich gemerkt, wie recht Krischan doch gehabt hatte. Ich hatte tatsächlich noch viel zu lernen. Mein Bild von SATAN entsprach nicht der Lehre von Crowley. Die Satansbibel habe ich erst in der WG kennengelernt. ER war gar nicht so melancholisch wie Papa. ER war die reine Macht. Und ER wollte die totale Freiheit, auch wenn sie vermeintlich Böses bedeutete. Nicht Krischan wollte den Haß. ER wollte ihn, weil er die Wahrheit war. Also auch Krischan, und ich sollte bald lernen, wie recht ER hatte. Der Haß war die Realität. Und ich war nicht so feige, die logische Konsequenz daraus nicht ziehen zu können.

Ich nicht.

Ich sprach Benno auf seine andere Freundin an. Er wußte gar nicht, was ich wollte. Ich sagte ihm, daß ich mir eine Partnerschaft anders vorgestellt hätte. Auf seine Frage »Wie denn?« traute ich mich jedoch nicht zu antworten. Da hatte er mich erwischt. Und er erzählte mir in allen Einzelheiten, wie er gestern nacht mit ihr gevögelt hatte. Ich wand mich. Genau das schien ihm zu gefallen. Er lachte zynisch und verbreitete sich über die Details: Es sei so richtig schön pervers gewesen, er habe es ihr in den Brennesseln gemacht, so daß sie einen ganz roten Arsch davon bekommen habe und sie ihren Hintern gar nicht mehr habe stillhalten können. Ich wurde kreidebleich und hätte fast gekotzt. Ich mußte nach Hause.

Als ich nachts wieder geschwitzt habe, kam mir das Gefühl zum ersten Mal: Haß! Was war Benno doch für ein Schwein! Mir solche Sachen zu erzählen. Mit einer blöden Gans zu vögeln, die sich für ihn in die Brennesseln legte. Mir wurde ganz schlecht, und der Gedanke an das Bild, das Benno mir geschildert hatte, ließ mich zum Klo rennen: Ich mußte wirklich kotzen.

Am nächsten Tag nach der Schule bin ich trotzdem wieder in die WG gefahren. Zu Hause hielt ich es einfach nicht mehr aus.

Krischan war da, und er fragte mich, wie es mir denn ginge. Ich erzählte ihm, was Benno mir gestern angetan hatte und daß ich das total beschissen fände von ihm.

»Haßt du ihn vielleicht?« fragte er mich lauernd.

»Ja, ich hasse ihn, ich könnte ihn umbringen!«

»Ja ...?« Er sah mich kalt an: »Dann seid ihr auf dem richtigen Weg.«

Ich war erst ganz durcheinander.

»Doch«, sagte er, »SATAN will und fordert von uns den Haß. Die Menschen sollen sich nicht lieben, das können sie gar nicht. Das intensivste und ehrlichste aller Gefühle hat SATAN uns gezeigt. Du mußt Benno hassen. Dann kommt ihr miteinander klar. Das ist euer Weg. Die Kraft SATANS wirkt langsam in dir. Laß dich darauf ein. Du mußt dich befreien von deinen alten Spießerzwängen. Wenn du Benno haßt, dann kannst du von ihm nicht enttäuscht werden. Wenn du die Menschen haßt, kann dir nichts mehr passieren. Das ist gut so. Wenn du die alten Zwänge überwinden kannst, wirklich überwinden kannst, dann bist du frei, wirklich frei.«

Ich war fünf Monate mit Benno zusammen, als ich ein Gedicht schrieb. Mein Gefühl für ihn ist nicht schwächer geworden. Es ist eine Art Liebe, die uns verbindet. Eine Art Liebe, denn wirklich lieben dürfen wir uns nicht. Ich weiß, daß noch viel Qual und Schmerzen auf mich zukommen werden. Aber wir werden durchhalten.

Wir können uns nicht ausstehen
Du schlägst mir ins Herz
Du verletzt mich
Warum?

Wenn wir uns sehen wird mir heiß und kalt
Du bist so seltsam unheimlich
Ich habe Angst vor uns
Wir kommen uns zu nah

Und plötzlich bist du nicht mehr so wie ich
Glaubte
Ich
Und Du?

Ein komisches Gefühl
Ist das Liebe?
Ich weiß nicht
Deine Hand ist schwächer als ich geglaubt habe
Ich muß vorsichtig sein
Sie ist zerbrechlich
Meine Seele
Wie wandelbar wir sind
Dann verstummen wir weil wir merken
Wir sprechen von Liebe
Wir lieben uns

Ich las das Gedicht noch einmal durch. Ich fand, es war ein schönes Gedicht. Eine wunderschöne Liebeserklärung.

Ich erschrak. Das durfte ich Benno nicht zeigen. So nicht. Ich überlegte. Wenn ich Benno meinen Rückfall in die Kitschromantik gestand, daß ich ihn eigentlich doch liebte, dann war es aus. Das war klar.

Ich überlegte. Es war eigentlich ganz einfach. Ich mußte es ja nur auf den Kopf stellen, umdrehen. Ich setzte mich wieder hin, überlegte eine Weile und schrieb es dann ganz einfach rückwärts:

Wir lieben uns
Wir sprechen von Liebe
Dann verstummen wir weil wir merken
Wie wandelbar wir sind

Meine Seele
Sie ist zerbrechlich

Ich muß vorsichtig sein
Deine Hand ist schwächer als ich geglaubt habe

Ich weiß nicht
Ist das Liebe?
Ein komisches Gefühl
Und du?

Ich
Glaubte
Und plötzlich bist du nicht mehr so wie ich
Wir kommen uns zu nah
Ich habe Angst vor uns
Du bist so seltsam unheimlich
Wenn wir uns sehen wird mir heiß und kalt
Warum?

Du verletzt mich
Du schlägst mir ins Herz
Wir können uns nicht ausstehen.

Ich las es noch einmal durch und fand, jetzt hatte ich es richtig gemacht. Ich hab mich aber doch nicht getraut, es Benno zu zeigen.

Ich habe viel lernen müssen in diesen fünf Monaten. Ich habe gelernt, daß es in diesem Haus einen Keller gibt. In dem sie schwarze Messen abhalten.

Ich habe das anfangs gar nicht für möglich gehalten, daß so was überhaupt geht.

Daß so was nicht auffällt.

Aber die anderen Mieter hier im Haus sehen und hören nichts. Vielleicht aber wollen sie auch nichts hören und nichts sehen.

Wie gemein die Menschen sind. Krischan hat schon recht, es ist alles genau anders herum.

Ich schrieb noch ein Gedicht:

> Weiße Schatten schwarzer Schnee
> Blaue Rosen rote See
> Grüne Steine graues Gras
> Kalte Liebe heißer Haß
> Heißer Frost totes Herz
> Schlimmes Glück schöner Schmerz

Langsam hatte ich es begriffen. Ich zeigte es Krischan. Der fand es genial.

Ich wünschte mir so, endlich eingeweiht zu werden. Ich wollte auch mit in den Keller. Ich wollte richtig dazugehören. Ich wollte endlich sehen, was da vor sich ging, ich wollte nicht mehr länger ausgeschlossen sein. Ich wollte endlich die echten Rituale erleben, an einer schwarzen Messe teilnehmen. Ich wollte endlich richtig zur »Kirche SATAN« gehören. Ich wollte nicht mehr nur zur Meute gehören. Ich hatte einiges gefressen. Ich wußte, daß Vera »anschaffen« ging, in einem Privatclub als Nutte arbeitete. Günther war wohl ihr Zuhälter. Das war mir alles egal. Ich hatte auch mitgekriegt, daß es ein Dienst für Satan war, Überfälle zu begehen und Menschen zusammenzuschlagen. Und daß es normal war, daß man eine Pistole hatte. Das fand ich sogar gut. Und daß man auch Orgien im Keller feierte. Sogar einiges an Ekeltraining hatte ich schon absolviert. Wir hatten uns z. B. einmal blutiges Fleisch vom Metzger geholt und es gemeinsam roh gefressen. Ich habe wieder kotzen müssen dabei, aber da mußte ich eben durch. Nach dem Kotzen habe ich weitergefressen.

Ich habe es geschafft.

Und ich bin sogar weiter in die Schule gegangen. Und ich habe nur noch auf meinen achtzehnten Geburtstag gewartet.

Benno war in Gabis Zimmer. Er hörte »Throbbing Gristle«
und trank Bier. Ich hatte kein gutes Gefühl dabei. Womöglich fing er wieder damit an, daß er mich gar nicht verdient
habe und daß ich zu gut sei für ihn und die »Kirche«. Manchmal hatte er solche Rückfälle.

Dann schwärmte er von der letzten Messe. Die Orgie hatte ihm gut gefallen. Er erzählte Details. Das tat mir weh.

Als er dann blau war, sprach er über seine Erlebnisse.
Wie ein guter Freund von ihm ermordet worden war, der
wie ein Vater für ihn gewesen sei. Er meinte, mit SATAN an
seiner Seite werde er sich rächen können. Einer der Mörder
habe auch schon dran glauben müssen. Als er das sagte,
streichelte er meine Hand. Plötzlich ließ er ab und stand auf.
Als ich fragte, wohin er gehen wolle, sagte er zynisch, er stei-
ge jetzt in die Hölle hinab. Ich sagte, ich wolle mit. Doch er
grinste nur mitleidig und sagte: »Krischan meint, es sei noch
zu früh.« Ich war wütend und traurig, weil Benno mich allein
ließ. Er ließ mich oft genug allein, und ich wollte nach Hause gehen. Da wurde Benno aggressiv und sagte, ich solle auf
ihn warten. Es war furchtbar. Ich saß in seinem Zimmer,
trank eine Flasche Bier nach der anderen und wußte, daß er
jetzt in der »Hölle«, unten im Keller, mit irgendeiner Nutte
herumvögelte. Oder war er woanders hingegangen? Vielleicht. Dann kam Benno wieder. Er zitterte am ganzen Körper. Er sagte: »Ricky, du kannst dir gar nicht vorstellen, was
da unten abläuft. Da gehörst du nicht hin.« Nun wurde ich
aber sauer: »Gehöre ich denn vielleicht in einen Kirchen-
chor?« Er lachte nur, und sagte: »Ja, vielleicht.«

Als Krischan hereinkam, hörte Benno sofort auf, mich zu
streicheln. Krischan und Benno unterhielten sich eine ganze
Zeit über irgend etwas, was ich nicht verstand. Es ging um
Selbstmord. Schließlich rauchten wir zusammen einen Joint.
Als ich auf die Uhr schaute, war's schon halb elf durch. Um

zehn Uhr hätte ich zu Hause sein müssen. Als ich sagte, daß ich gehen müsse, sah Benno mich mit einem Blick an, daß ich Angst bekam. So als hätte er nie gesagt, daß er mich lieben würde. Ich wollte ihm zum Abschied einen Kuß geben, aber er drehte den Kopf weg. Ohne mich anzusehen, sagte er: »Ich ruf dich morgen an.«

Benno gibt mir das Gefühl, daß ich ihm scheißegal bin. Aber nicht immer. Gleichzeitig weiß ich, daß wir beide zugrunde gehen, wenn ich ihn allein lasse. Ich werde nie eine Satanistin sein. O. K., vielleicht könnte ich auch so brutal sein oder Magie einsetzen. Bin ich nicht schon eine Satanistin? Nein, da ist in mir immer noch dieses Liebesgefühl, und da ist noch so etwas wie ein Gewissen. Das aber schon ganz schön angeknackst ist. Satanismus macht kalt. Satan macht dich zu einem Tier. Aber ich will Mensch sein. Jetzt, wo ich endlich lieben kann, wo ich einen Partner habe, den ich nicht leid werde. Aber wie soll das gehen? Einerseits möchte ich Benno lieben, auf der anderen Seite möchte ich schwarze Magie perfekt lernen. Wo ist da eine Lösung?

Ich bin müde.

Montag, 29. Dezember

Gestern war es sehr schlimm. Ich hatte Fieber vor lauter Angst. Ich dachte, mit Benno wäre die Angst verschwunden, aber SATAN weiß wohl um unsere heimliche Liebe.

Die versucht er mir jetzt auszutreiben.

Gefühle rasen durch meinen Körper. Sie tragen etwas mit sich, was meine Liebe zu Benno auffressen will. Ich merke, wie wir beide kaputtgehen. Egal ob wir zusammenbleiben oder auseinandergehen. Er liebt SATAN mehr als mich. Für IHN opfert er seine ganze Zeit, seine Gefühle, seinen Körper. Es tut mir so weh. Er pennt mit anderen Weibern, säuft, kifft und läßt mich allein. Seine Wechselhaftigkeit macht mich fertig.

Später bin ich wieder zu Hause.

Benno hat gerade angerufen. Er will mich sehen. Und: Morgen ist Pasaturni. Ein Fest für den Gehörnten in der Steinbock-Zeit. Bei zunehmendem Mond. Ein mystischer Tanz. Ich als Medium der Kraft der Finsternis.

Das gefällt mir, es läßt in mir meine Sehnsüchte erwachen.

Wenn doch nur diese Angst nicht mehr wäre.

Ich habe Blödsinn gemacht. Ich bin bei der Drogenberatung in der Domstraße gewesen. Ich hatte mir überlegt, daß mich und Benno die Drogen vielleicht fertigmachten. Dort habe ich Andreas kennengelernt. Er war dort Drogenberater. Er gefiel mir mehr, als für mich gut war. Es dauerte nicht lange, und wir trafen uns öfter. Und schliefen sogar miteinander. Ich habe nichts gespürt dabei, aber es war einfach nur schön, in seinen Armen liegen zu können und kein schlechtes Gewissen haben zu müssen, weil mir die Zärtlichkeit gefiel.

Benno hat es herausbekommen. Und getobt hat er. Nein, er sei nicht eifersüchtig, Blödsinn, er habe nur Sorge, daß mir irgend etwas über die Gruppe herausgerutscht sei. Er kenne schließlich die blöden Weiber, im Bett würden sie alle quasseln.

Dabei habe ich dort von SATAN nichts erzählt. Trotzdem durfte ich ihn nicht wiedersehen.

Ich schrieb Andreas heimlich einen Brief.

Andreas,

ich darf Dich nicht mehr sehen. Benno will
es nicht, daß ich mich mit Dir treffe. Er
sagt, es würde ihm wehtun, wenn ich mit Dir
rede. Er verlangt, daß ich nicht mehr mit
Dir sprechen soll. Nichts sagen, nicht
anrufen, nicht kommen. Dabei mag ich Dich

so sehr. Es tut so weh. Ich habe geweint und
geweint. Ich habe Dir gesagt, daß ich nicht
mehr komme, Du gabst mir einen Abschiedskuß.
Wahrscheinlich sehen wir uns nie wieder.
Aber du warst so wichtig für mich.

Ricky

Den Brief habe ich aber nicht abgeschickt. Aus Angst, irgend jemand könnte davon erfahren. Ich habe ihn gut versteckt. Immer diese Rückfälle. Hoffentlich erzählt Benno
nicht dem Krischan davon, daß ich bei der Drogenberatung
war. Aber ich glaube nicht, daß er das tut. Er hat nämlich selber Angst vor ihm. Schließlich hat er nicht richtig auf mich
aufgepaßt. Vielleicht nimmt Krischan ihm das dann übel.

Tagebuch   Dienstag, 11. Februar

Träume halten mich am Leben. Das Leben ist grausam. Die
Verzweiflung läßt mich träumen vom Tod, die Träume halten mich am Leben. Für nichts gehofft, für nichts geopfert,
für nichts gelebt? Genau dessen, wozu ER mich befähigt hatte, hat ER mich wieder unfähig gemacht: zu fühlen. SATAN
spielt sein Spiel mit mir. Ich starre nur noch vor mich hin. Ich
habe alles verloren, was ich hatte. Und jetzt? Krischan
kommt öfters vorbei. Er sagt, ich sei »auf dem Weg«. Ich
würde schnell lernen. Und dann habe ich mit Krischan geschlafen. Aber ich fühlte mich dabei wie ein Klumpen Frost.
Ich bin eingefroren. Ich möchte sterben. Mein Geist und
meine Seele sind schon tot. Nur mein Körper muß noch leben. Krischan sagte jedoch, das sei alles in Ordnung. Als ich
mit Krischan schlief, habe ich nichts empfunden. Doch: Genugtuung! Was Benno kann, kann ich auch. Und was ist
schon »Liebe«? Was ist »Treue«? Eine einzige Lüge. Selbst-
beschiß! Ha, jetzt weiß ich, was mich vor dem Selbstmord
zurückhält: Rache. Ich bin stolz.

Ich hasse ihn. SATAN hat es geschafft. Benno kam besoffen nach Hause. Ich nahm das Küchenmesser, spielte damit rum und sagte: »Ich hasse dich, du Dreckschwein.« Ich sagte es ganz ruhig. Benno kam auf mich zu, packte meine Haare, dann nahm er mir das Messer ab. Er küßte mich brutal und fragte dann, was ich dabei fühlen würde. »Nichts!« sagte ich und grinste verächtlich. So wie er mich sonst immer angegrinst hatte. Da packte er meine Brüste. Ich verzog keine Miene. Er nickte und sagte: »O. K., zieh deine schwarzen Sachen an und komm mit.« Das war noch nie vorgekommen. Er nahm mich mit. Zum erstenmal seit Monaten nahm er mich wieder mit auf eine Fete. Er sagte, ich solle ihn auf der Fete in Ruhe lassen. Ich solle mich mit anderen Leuten beschäftigen. Auf der Fete hielt ich mich an Krischan. Der schien zu spüren, wie ich mit der Macht SATANS in Verbindung stand. Er sagte, ich solle bald zum erstenmal eine schwarze Messe mitmachen. Ich sei jetzt soweit. Jetzt ist der Zeitpunkt reif für meine Einweihung. Haß erfüllte mich. Ich will zerstören, will den Wahnsinn verbreiten, will Macht und Blut. Krischan sagt, jetzt würde sich meine Macht entfalten. Jetzt, wo ich nicht mehr gefühlsduselig bin. Mich SATAN öffne. Benno hat auf der Fete eine andere Frau fast vergewaltigt. Es ist mir scheißegal. Ich kenne nur noch Haß. Es hat mich eher amüsiert. Die Meute respektiert mich.

Als mich eine von den blöden Gänsen fragte, ob es mir nichts ausmache, daß Benno mit einer anderen Perle vor meinen Augen rummache, sagte ich nur: »Mir scheint, du hast die Spielregeln hier nicht ganz verstanden.« Ich grinste sie mitleidig an. Sie hatte sie wirklich nicht begriffen. Dieser ganze Scheiß mit Partnerschaft und Treue und so. Das können sich die Scheißspießer in den Arsch schieben und daran verrecken. Krischan sagte, meine Antwort sei total gut gewesen.

Und dann sprach er davon, daß ich wahrscheinlich Priesterin werden solle. Daß ich die Fähigkeiten dazu hätte, habe er ja schon immer gesehen.

Ich bin durchglüht von der alles vernichtenden Macht.
Wehe, wer sich mir in den Weg stellt. Ich bin unverwundbar.
Unbesiegbar.

Ich hatte es geschafft.

9. KAPITEL

Zu Hause ging auf einmal der Punk ab. Mein achtzehnter Geburtstag rückte immer näher, und nachdem mir Krischan gesagt hatte, daß er es gut fände, wenn ich zu Benno in die WG in der Agnesstraße einziehen würde, stand für mich fest: Sobald ich volljährig bin, bin ich weg. Im Streit habe ich das Mama auch gesagt. Ihr ging es immer schlechter. Neuerdings hatte sie sogar Kontakt zu den Zeugen Jehovas. Ich konnte sie nur bemitleiden. Ihr ging es schlecht, und sie flüchtete sich in eine Sekte.

Da war Papa schon anders. Er wußte zwar auch nicht, was er machen sollte, aber das mit den Zeugen Jehovas wäre ihm nie passiert.

Mama klaubte sich aus der Bibel, was ihr gerade in den Kram paßte. Sie sprach davon, daß man sich doch mal genau überlegen solle, was in diesem heiligen Buch stehe über Pflichterfüllung und Gehorsam gegenüber den Eltern. Das war reichlich fadenscheinig. Über so was konnte ich wirklich nur noch müde lächeln.

Ich wollte sie nicht mehr im unklaren lassen: »Mama, wenn ich achtzehn werde, ziehe ich aus.«

Sie war völlig fertig. Sie fing an zu heulen, fiel mir um den Hals, klammerte sich an mir fest und schluchzte: »Laß mich doch nicht alleine! Du bist doch das Einzige, was ich habe, du kannst doch nicht einfach weggehen, was soll denn aus dir werden!«

Wieso denn das Einzige? Was war denn mit Papa?

Ich blieb eiskalt. Ich wußte ja: Liebe ist schlecht! Souverän machte ich mich von ihr frei und sagte nur: »Es sind ja noch ein paar Tage Zeit bis dahin. Wir werden sehen, wie wir das regeln.«

Ich habe dann mit Benno darüber gesprochen. Er meinte

nur: »Du wirst dich entscheiden müssen: entweder wir oder die.«

Mein Entschluß stand längst fest. Nur noch vier Wochen hatte ich zu überstehen. An zwei Wochenenden bin ich gar nicht nach Hause gegangen, ansonsten wirklich nur noch zum Schlafen.

Und an einem dieser beiden Wochenenden erlebte ich einen weiteren Triumph: Krischan hielt Wort, und ich durfte an meiner ersten schwarzen Messe teilnehmen. Sie fand statt in der »Hölle«, unten im Keller des Hauses Agnesstraße 16. Der Keller war pechschwarz gestrichen, ein Tisch war der Altar, mit schwarzen Decken drüber. Überall standen Schalen herum, ein siebenarmiger Leuchter war da, und an den Wänden hingen Dolche, Schwerter und Peitschen. Ein von innen beleuchteter Totenschädel hing von der Decke herab. Eine ziemlich gruselige Atmosphäre.

Spannend.

Mir wurde klar, daß es von nun an ernst gemeint war, daß die Spielerei langsam ein Ende hatte. Endlich. Ein schwarzes Huhn sprang herum. Mir dämmerte es: Das wird hier gleich geschlachtet. Aber das war mir egal. Nein, es war mir sogar recht. Ich hatte früher immer ein gutes Verhältnis zu Tieren gehabt. Ich hatte sie gemocht, sie waren mal meine einzigen Freunde. Sie hatten mir ja auch nie angst gemacht.

Aber die alte Ricky war jetzt tot.

Ich habe dann meine erste echte Kluft gekriegt. Krischan war plötzlich da, und sie wurde mir von ihm feierlich überreicht: ein weit geschnittener schwarzer Talar mit einer großen Kapuze. Ich stülpte sie mir über: ein wahnsinnig gutes Gefühl.

Mir wurde Anweisung gegeben, die Opferschale zu halten, wenn das Huhn geschlachtet würde. Dem dämlichen Huhn wurde der Kopf abgeschnitten, ich hielt die Opferschale hin, und das Blut wurde aufgefangen. Krischan murmelte magische Sprüche dazu. Eine geweihte Hostie wurde

94

ins Blut geschmissen und mit einem Messer kleingeschnitten und zerstückelt. Dann hat jeder von diesem Blut getrunken. Krischan sprach noch ein Gebet in einer Sprache, die keiner außer ihm verstand, und dann war es auch schon vorbei. Meine erste schwarze Messe hatte zwar keine halbe Stunde gedauert, aber ich war trotzdem in Hochstimmung: Ich war endlich mit dabei.

Drei Wochen später war mein achtzehnter Geburtstag. Ich habe kommentarlos meine Sachen gepackt. Mama weinte und fragte mich, ob ich es mir denn nicht noch einmal überlegen wolle. So ein Schwachsinn. Papa saß im Wohnzimmer, er ließ sich gar nicht erst blicken. Günther wartete unten vorm Haus mit seinem 280er auf mich. Das war schon ein tolles Gefühl. Ich war wieder wie in Trance. Ich meinte spüren zu können, was auf mich zukommt. Daß das, was ich da jetzt machte, ein Spiel mit dem Wahnsinn werden würde.

Wir haben in der WG ein kleines Fest gefeiert.

Da war was los: »Mensch Leute, wer macht mit Gläserrücken?« »Hoho, mit Runenmurmeln spielen, ist doch Kinderkram.« »Crowley soll jetzt ins Deutsche übersetzt werden ...« »... laber nicht, gib den Joint mal rüber.« »Haste schon das Necronomicon gelesen? Affentittenturbogeil!« »Also das sechste und siebte Buch Mosis ist vielleicht ein Scheiß! Ich hab Flugsalbe gemacht, zwei Stunden bin ich durch die Bude gehopst ...« »Und?« »Nichts!« »Ich hab neulich meine Chakren ausgependelt.« »Was ist das denn?« »Idiot! Deine Energiepunkte im Körper ...« »Ich bin ja Dionysos.« »... wäre Paracelsus nicht gewesen ...« »Ich sag nur: Agrippa von Nettesheim!« »Blut ist besser als Dope.« »Genau.« »Meine Mutter hat mich wieder zum Friseur schicken wollen. Lästig.« »Genau, Sex ist auch lästig, aber einmal mit SATAN ... hach ...« »... hör doch endlich auf zu wichsen! Da ist ja das Zugucken schon anstrengend!« »Trip?« »Bin schon drauf ...« »Meine Oma hat schon Karten gelegt.« »Wir haben den Geist von Heinrich Böll beschwo-

ren.« »Echt?« »Ja klar.« »Und?« »Er hat Schuhgröße zwei-
undvierzig!« »Ich hab jetzt 'ne echte Neurotikerin kennengelernt.« »Was ist das denn für ein Beruf?« »So genau weiß
ich das auch nicht, irgendwas mit Psychologie ... Gisela heißt
sie.« »Macht macht Macht!« »... irres Gefühl zu schweben
...« »... zwischen die Beine ...« »Esoterik ...« »Höllenzwang
...« »... ich hab aber Hunger!«

Und dazu die ganze Zeit diese Wahnsinnsmusik.

Das Leben war schön geworden. Ich hatte endlich das gefunden, was ich immer gesucht hatte: Leute, die mich verstanden und die meine Interessen teilten. Ich war endlich
wer und wurde akzeptiert.

Krischan kam jetzt öfter, und wir unterhielten uns viel
über Satanismus und über Aleister Crowley. Krischan fand,
daß Crowley ein Genie gewesen sei und wie sehr er von ihm
gelernt hätte. Und daß er, seit er sich streng an die Regeln
SATANS hielte, wirklich ohne Angst sei.

Er erzählte auch von einem uralten Buch, das er besitze.
Ein Buch der Geheimnisse, voller magischer Beschwörungsformeln. Es wäre schon seit Jahrhunderten im
Besitz seiner Familie. Ich wollte es gerne sehen, aber er ver-
weigerte mir dies. Das Buch sei ein großes Geheimnis, niemand außer ihm dürfe darin lesen oder es auch nur sehen.
Später würde er es weitergeben, an seinen Nachfolger oder
an seine – er sah mich dabei so an – Nachfolgerin, aber das
würde noch lange dauern, denn er sei kurz vor der Erlan-
gung der Unsterblichkeit.

Er erklärte mir nun die Strukturen der Gruppe. Die WG
war sozusagen die Zentrale. Alle, die hier wohnten – außer
mir –, waren als Priester SATAN geweiht. Benno, Michael,
Gabi und Vera bildeten zusammen mit Günther und ihm einen Siebenerrat: den magischen Zirkel. Er selbst war der
Hohepriester.

Ich rechnete kurz nach: Benno, Günther, Michael, Gabi,
Vera und Krischan, das waren nur sechs. Ich sagte es ihm. Er

sah mich wieder so an: »Ich sage doch, daß du besondere Fähigkeiten hast. Und du bist intelligent. Wenn du dich bewährst, kannst du der siebte Teil des magischen Zirkels werden.«

Er schlief noch ein paarmal mit mir, wohl um zu kontrollieren, ob ich noch etwas empfände, aber ich war wie beim letzten Mal kalt wie ein Stein. Er lobte mich. Auch Benno sprach mir seine Anerkennung aus. Das gab mir doch noch einen Stich. Krischan und Benno forderten nun, sozusagen als letzten Beweis, ich solle nun auch noch mit Michael und Günther schlafen. Ekel stieg in mir hoch. Aber ich mußte einfach da durch. Mit Michael fing es an.

Krischan fragte mich danach, was ich empfunden hätte, und ich konnte reinen Gewissens sagen: »Haß, nichts als Haß!« Krischan freute sich. »Du bist wirklich bald soweit«, lobte er mich. »Heute abend kommt Günther dran, wie steht's?« Ich konnte nicht mehr. »Weißt du, Krischan«, antwortete ich, »auch für Günther empfinde ich nichts als Haß! Ich hätte mehr Lust ihn zusammenzuschlagen, ihn zu verletzen, ihm die Augen auszukratzen! Aber wenn du meinst, ich bin bereit.« Krischan war sichtlich zufrieden: »Ricky, du bist soweit. Wenn du Günther schlagen willst, das ist doch gut. Wir wollen ja wirklich frei sein. Wir sind nicht wie diese Spießer, die ihren Haß kläglich unterdrücken. Wir leben unseren Haß wirklich aus. Du wirst Gelgenheit dazu bekommen. Ich besprech das mal mit den anderen.«

Als Günther abends kam, mußte ich doch nicht mit ihm schlafen. Ich wurde in die Küche geschickt und mußte warten. Der Siebenerrat tagte. Sie ließen mich fast zwei Stunden zappeln. Zwei Stunden voller Angst. Dann wurde ich hereingerufen. Krischan sprach:

»Ricky, der Siebenerrat der Kirche SATANS hat sich eingehend beraten. Wir sind zu dem Schluß gekommen, daß du würdig geworden bist, unserem magischen Kreis als Priesterin anzugehören. Du wirst Benno als Partner bekommen.

Ihr werdet euch hassen, und ihr seid nicht wirklich miteinander verbunden. Ihr werdet Partner im Dienste SATANS, ihr werdet euch gegenseitig anstacheln, dem Willen SATANS zu entsprechen.«

Der Kreis nickte und murmelte beifällig.

»Ich frage dich also, bist du bereit, Satan zu dienen, ihn zu hassen und so zu verehren bis in den Tod?«

In Trance hörte ich mich mit klarer und fester Stimme sagen: »Ich bin bereit.«

Als ich dann Priesterin wurde, war das die Krönung. Was für eine Genugtuung das für mich war! Ich, die kleine Ricky, die noch vor Wochen eine mystisch versponnene Verrückte war, war jetzt doppelt akzeptiert. Ich hatte Macht über die Meute, mir waren fortan über hundert Leute unterstellt. Jetzt mußte jeder mich fürchten, der mich nicht ernst nahm. Ich hatte das Gefühl, mich jetzt endlich rächen zu können. Ich hatte zwar keinen so konkreten Grund wie Benno, aber ich verstand meine Rachegelüste als die Kraft SATANS. ER würde mir schon zeigen, wie ich ihm am besten dienen könnte. Vor allem fühlte ich mich wieder wahnsinnig stark und unverwundbar. Mit Schaudern dachte ich an die Ohnmacht zurück, die mich überfallen hatte, wenn Papa und Mama sich zum Beispiel stritten. Aber solche Gefühle waren jetzt Vergangenheit. SATAN zeigt mir seinen Weg, und ER hält sein Versprechen.

Es begann mit dem Einweihungsritual in der »Hölle«, streng nach Aleister Crowley. Ich wurde in einer mystischen Hochzeit mit Benno vermählt. Zum Ruhme SATANS, zur Lästerung Gottes. Wir wurden dadurch zu Partnern, die gegenseitig dafür verantwortlich waren, daß sie ihre, also wir unsere satanistischen Pflichten gewissenhaft erfüllten. Worin die Pflichten bestanden, das sollte ich später noch genauer erfahren. Ich war ziemlich gespannt darauf.

An diesem Ritual teilgenommen haben nur wir sieben, der magische Zirkel. Von der Meute war niemand zugelassen. Die aus der Meute brauchten ja schließlich nicht alles zu wissen.

Das Ritual begann damit, daß ich ein schwarzes Kaninchen schlachten mußte. Die Gruppe hatte bei den Ekeltrainings mitbekommen, und ich hatte es ja auch gestanden, daß ich immer noch Schwierigkeiten mit dem Töten von Tieren hatte. Und da ich als Kind immer ein Kaninchen hatte, war dieser Teil des Rituals nur folgerichtig. Es war das Symbol dafür, daß ich meine alten, anerzogenen Skrupel loswerden mußte. Als Priesterin hatte ich um so mehr die Pflicht, mich aus der Gefangenschaft der alten Moral zu befreien. Ich habe dem Kaninchen kurzerhand den Hals durchgeschnitten. Das Blut wurde in einer Opferschale aufgefangen und eine geweihte Hostie darin aufgelöst. Benno und ich schnitten uns die Arme auf, und wir tranken unser Blut. Voneinander. Krischan drückte uns mit dem Kaninchenblut aus der Opferschale das Blutmal auf die Stirn, und Benno und ich durften das Blut aus der Opferschale alleine für uns trinken. Dann haben wir vor aller Augen miteinander gevögelt. Das war sehr berauschend. Ich hatte wieder einen Ekel überwunden, das war befreiend. Und gefühlt dabei habe ich nichts, wirklich nicht. Krischan war gut drauf. Er blutete wieder an den Händen und diesmal sogar aus den Augen. Er schrie auf und taumelte. Und sprach Texte aus seinem geheimnisvollen Buch. Texte, die keiner verstand. Ganz zum Schluß überreichte er mir meinen Füller, und sagte wieder: »Dieser Füller ist das Symbol deiner Veränderung, das Symbol dafür, daß du jetzt eine Priesterin SATANS bist. Halt dich fest an ihm, und denke immer daran, daß du jetzt eine Priesterin SATANS bist!«

Trotzdem hatte ich nachts wieder Angst. Ich hatte zwar Benno, aber die Angst war trotzdem da. Vielleicht würde es mit der Zeit besser. Vielleicht mußte ich das Ekeltraining auch verstärken. Wenn ich meine Empfindungen abtötete, vielleicht tötete ich dadurch auch die Angst.

Als Priesterin hatte ich besondere Verantwortung, und ich beschloß, mir alle erdenkliche Mühe zu geben. Ich wollte Ihm eine gewissenhafte Priesterin sein.

Der Alltag in der WG war exzessiv. Wir schliefen alle lang, bis auf mich, die ich noch in die Schule mußte. Es gab viel und gut zu essen, Sex, Drogen, es wurde viel getrunken, fast den halben Tag und fast die ganze Nacht lief diese Wahnsinnsmusik. Und endlose Gespräche über Unendlichkeit, Unsterblichkeit und Dämonenzwang. War es nun möglich, Dämonen zu unterdrücken, oder unterdrückten die Dämonen uns? Unterliegt der Kosmos nun einem System der kosmischen Strahlung oder nicht? Und wenn ja, was bedeutet das dann? Gab es Satan in Person, oder war er die reine Macht oder eine Kraft wie etwa die kosmische Strahlung? Was sagte Aleister Crowley dazu? Wir studierten dazu die Bibel des modernen Satanismus gründlich.

Und was stand wohl alles in Krischans magischem Buch?

Wir hatten viel zu tun, der Gesprächsstoff ging nie aus.

Als Priesterin nahm ich jetzt an den besonderen Sitzungen des magischen Zirkels teil. Ich lernte, daß der Satanismus seine festen Regeln hatte: die Geheimnisse.

Krischan: »Wir sind Götter, wenn wir wollen. Und Wollen heißt, Satan folgen. Denn er vernichtet all das, was uns vom Gottsein trennt.«

Günther: »Aber das dürfen wir der Meute nicht auf die Nase binden! Wir müssen uns merken: Der Kreis der Eingeweihten muß immer klein bleiben. Gegenüber der Meute treten wir als die Götter auf, wir erzählen ihnen aber immer nur was von Freiheit. Wir brauchen da nur den Begriff Gottheit durch Freiheit zu ersetzen. So einfach ist das.«

Ich lernte und lernte und lernte.

Erster Schritt zum Gottsein:

Da wir in einer angeblich christlichen Gesellschaft leben müssen wir natürlich alles Christliche zerstören. Das einzige, was die Christen richtig erkannt haben, das ist die Existenz SATANS. Aber sie fürchten seine Macht, anstatt sie richtig zu benutzen. Und: Jede Lehre, egal welche, trennt uns vom Gottsein. Die einzig richtige Lehre ist das geheime Wissen vom Geheimnis der Kraft SATANS, der Kraft des wahren Willens. Das ist kein Dogma, sondern das ist so.

Zweiter Schritt:
Wir selber müssen uns vom christlichen Joch befreien. Wir müssen. Dazu müssen wir vor allem unsere, von dieser falschen Gesellschaft anerzogenen Gefühle abtöten. Vor allem die Demut. Demut in egal welcher Form ist von Übel, sie ist gegen den Willen SATANS. Das dürfen wir aber auf keinen Fall der Meute verraten.
Wir sind doch nicht blöd.
Ein wichtiges Geheimnis, das nur wir Priester wissen: Demut ist tödlich für unsere potentielle Göttlichkeit. Statt dessen müssen wir Haß, Grausamkeit, Sex und Ungerechtigkeit ausleben, alles, was vom Christentum so schmählich unterdrückt wird. SATAN gibt uns die Kraft dazu, und SATAN zeigt uns den wahren Weg, einmal selbst eine Gottheit werden zu können. Das beweist schon das älteste magische Buch: die Bibel.

Dritter Schritt:
Vertrauen ist Unsinn. Vertraue nur dir selbst. Das ist aber nicht so einfach, denn unser wahres Selbst kennen wir nicht selbst, das kennt nur SATAN. Deshalb müssen wir IHM vertrauen. ER ist die einzige Ausnahme.

Unser Programm ist antichristlich:

Orgien

Tötungen von Tieren und Menschen

Verachtung der Eltern und der übrigen Gesellschaft

Schädigung der Christenheit ganz allgemein, durch Schändungen »heiliger« Dinge im besonderen

Keine Gemeinschaft leben, nur Zweckgemeinschaften für die Sache SATANS

Willkürliche Hierarchie des Stärkeren

SATANSANBETUNG und SATANSVEREHRUNG

Dieses Programm durfte auch die Meute wissen. Das war für die genug. Das reichte denen ja auch.

Wir Priester wußten aber noch mehr: die wirklichen Geheimnisse.

Zerstören ist in Wirklichkeit das wahre Erschaffen

Magie ist in Wirklichkeit Macht über andere Menschen

Die wichtigste Wirklichkeit: Wenn du die Macht hast, andere zu unterdrücken, ihnen deinen Willen aufzuzwingen:

DANN TU ES, ÜBERALL UND IMMER!

Wir Priester sind die wahren Götter. Es gibt keinen Gott außer uns. In dem Maß, wie wir anderen unseren Willen aufzwingen, sind wir Götter.

Aleister Crowley hat IHN nie erwähnt, IHN sogar verleugnet. Wir Priester wissen aber Bescheid.

Das WICHTIGSTE: Diese Geheimnisse durften den Priesterkreis auf keinen Fall verlassen. Sie waren ja das Fundament unserer Macht über die Meute. Verräter werden auf das tiefste bestraft.

Wir beschäftigen uns unter anderem mit dem Erfinden neuer Rituale und deren Deutung. Was ich bisher auf den schwarzen Messen erlebt hatte, fand ich viel zu phantasielos. Die Opfertiere wurden z. B. nie vorher gequält. Ich fand, daß man herausfinden mußte, ob das Blut einfach geschlachteter Opfertiere anders schmeckte als das Blut vorher gequälter Opfertiere.

Wir waren uns einig darüber, daß unter uns Satanisten keinerlei Zusammengehörigkeitsgefühl existierte, sondern daß wir gemeinsam dasselbe Ziel verfolgten: Macht zu erlangen. Aber jeder für sich alleine, und jeder hatte das Recht, den anderen zu unterdrücken, wenn er es konnte. Ich fand diese Ehrlichkeit gut, wenigstens keine Heuchelei. Wir waren verpflichtet, keine Bindungen untereinander einzugehen, und wir durften keine Gefühle austauschen, am besten war es, sie zu unterdrücken. Oder so wie bei mir und Benno. Wir haßten uns und blieben trotzdem zusammen. Krischan hatte recht behalten, da konnte uns nichts passieren.

Der Kern der Lehre SATANS ist Zerstörung. SATAN verpflichtet uns, möglichst viel kaputtzumachen und zu zerstören.

Durch diese Zerstörungskraft bekommt man dann wieder die Kraft SATANS, die wiederum dazu dienen kann, etwas zu zerstören. Besonders das, was man gern zerstören will. Ein tolles Gefühl. Was wir zerstören ist egal, es drückt sich letzlich immer der Wille SATANS darin aus.

Und SATAN half mir auch bei der wichtigsten Voraussetzung dafür: Alle meine Skrupel mußten weg. Weg. Weg! Töten, Blut trinken, Orgien feiern, Drogen, Saufen, ohne Schranken und Grenzen sich fallenlassen, seine Brutalität voll ausleben, das war alles Dienst an SATAN. Das gefiel mir ganz gut. Was hatte ich immer unter meinen Hemmungen gelitten!

Jeder im magischen Zirkel hatte seine besondere Aufgabe. Krischan war unbestritten der Chef. Günther war seine rechte und linke Hand beim Organisatorischen. Beide wohnten nicht bei uns in der WG. Vera und Gabi waren mehr für den Haushalt zuständig. Ich war mit Benno zusammen, der mehr fürs Grobe und für Bestrafungen da war, so etwas wie die Dame des Hauses. Ich sorgte irgendwie mütterlich für die gute Stimmung, ich war die Hauptansprechpartnerin für die Meute. Dafür mußte ich im Haushalt fast nichts tun. Da konnte ich mich immer gut drücken. Entweder hatte ich für die Schule zu tun, oder ich hatte Trancezustände oder erfand gerade ein neues Ritual.

Michael hatte eine besondere Aufgabe. Er führte Buch. Über die Anhängerschaft, die Meute. Er hatte einen Computer. Der war Michaels liebstes Spielzeug. Michael spielte mit seinen Programmierfähigkeiten. Er führte Buch über die Plus- und Minuspunkte der einzelnen Anhänger. Er verteilte sogar computergedruckte »Fleißkärtchen«. Das machte zusätzlichen Eindruck. Besonderen Spaß machte es ihm, die Entwicklungsstände der einzelnen Anhänger in hochentwickelten Grafiken auszuwerten. Säulen- oder Kuchenform. Grandios, was so ein Computer kann. So hatten wir immer einen genauen Überblick, und Michael hatte seinen Heidenspaß. Aber er führte nicht nur Buch über die Meute. Als ich ihm mal über die Schulter auf seinen Computer-Bilschirm schaute, konnte ich Namen auf der Liste lesen, die mir vollkommen unbekannt waren. »Unser Einzugsbereich ist halt noch etwas größer, als du es bis jetzt weißt«, sagte er nur.

Anfangs verstand ich das gar nicht.

Mein Leben hatte sich von Grund auf verändert. Aber

diese Veränderung war gar nicht so einfach. Immer wieder schlichen sich Schwächen in den Alltag ein. Nicht nur bei mir.

Ich liege mit Benno im Bett, die Bettdecke über den Kopf gezogen. Wir hören Kindercassetten mit Gruselgeschichten. Das erinnert mich an meine große Schwester, wie wir früher zusammen Märchencassetten im Bett gehört haben. So etwas wie menschliche Wärme und Nähe schleicht sich ein. Das darf eigentlich nicht sein.

Beim Sex schaffte ich es aber bald, die Nähe wegzukriegen. Ihn empfand ich nur als Brutalität. Ich genoß diese Brutalität, erlebte positiv, wie sie die Grenzen in uns aufbrach. Das war echte Befreiung, wahrer Dienst an SATAN.

Im Siebenerrat wurden regelmäßig die schwarzen Messen besprochen. Was für Themen wir da nehmen sollten, wem wir magisch schaden wollten. Welche Art der Rituale, besonders die neuausgedachten. Ob wir eine rückwärtsgelesene christiliche Messe als Parodie inszenierten, welches Opferritual durchgeführt werden sollte. Wir überlegten, wie wir mit Hilfe von Drogen in die Dimension von Dämonen eindringen konnten.

Besonders beliebt war Sexualmagie. Da wurden dann während der schwarzen Messen wilde Orgien gefeiert. Auf so einer Orgie war mir dann alles egal. Wir vögelten durcheinander, Männer mit Männern und Frauen mit Frauen und umgekehrt und das ganze wieder von vorn. Solche Messen dauerten auch länger, manchmal mehrere Stunden. Mit Fressen und Saufen. Für diese Orgien haben wir auch Nutten engagiert, Günther hat sie besorgt.

Ich hatte ziemliche Schwierigkeiten, weiter zur Schule zu gehen. Ich benutzte wieder meinen alten Füller, das hatte ich geschafft. Aber für die Leute in der Schule redete ich nur noch wirres Zeug. Ich empfand das eher andersherum. Meiner Banknachbarin habe ich mal ansatzweise von SATAN erzählt. Die verstand aber nur Bahnhof. Magie wurde eben nicht von jedem begriffen. Ich hatte immer weniger Lust, dorthin zu gehen. Ich weiß gar nicht mehr, warum ich da überhaupt noch hingegangen bin. Vielleicht, weil Krischan wollte, daß ich das Abitur mache.

Der Haß hat mir gut geholfen gegen meine Angst. Aber ich merkte, daß mein Haß, mein wahrer Wille, noch ganz schön löcherig war. Und nicht nur bei mir. Die anderen hatten auch immer noch ganz schön Angst. Gabi war mal nach einer schwarzen Messe völlig außer sich. Krischan hatte diesmal unglaublich stark geblutet, und Gabi hatte Angst, daß er das nicht überlebt. Wir standen im Zimmer, sahen uns an, fingen beide an zu weinen und haben uns umarmt. Wir haben uns aneinander festgehalten. Das war nach den Regeln aber streng verboten, und als dann jemand ins Zimmer kam, ließen wir uns auch sofort los. Ich schrie Gabi gleich an, sie solle sich nicht so anstellen. Michael, der hereingekommen war, grinste nur verächtlich.

Aber so was kam öfters vor.

Gabi war besonders ängstlich. Einmal, als sie ziemlich betrunken war, bekam sie einen Besessenheitsanfall. Sie sprach mit der Stimme einer anderen, schmiß Gegenstände um sich und begann auf Michael einzuschlagen. Dann fing sie an zu kotzen. Wir haben versucht, sie zu beruhigen. Wir hatten nur eine Schwarzlichtbirne brennen, und sie schrie immer, wir sollten doch endlich das Licht ausmachen. Aber Günther hat sie extra immer wieder aus- und angemacht, was Gabi zur schieren Verzweiflung trieb.

Günther und Michael haben gelacht, aber ich habe mich dabei ertappt, daß ich beinahe angefangen hätte zu beten. Allerdings nicht zu SATAN, sondern zu Gott. Ich bin aber nicht schwach geworden.

Ein wirklich gutes Gefühl hatte man auf diesen Riesenfeten, wie damals die auf der Müllkippe in Worringen. Wo die ganze Meute anwesend war. Wenn man die gesehen hat, über hundert Leute, die für uns Priester durchs Feuer gingen. Ich hab auf den Feten auch Aufträge rausgegeben. Aufträge irgendwas zu klauen, Hostien oder andere kirchliche Gegenstände. Oder ich hab den Auftrag herausgegeben, jemanden mal zusammenzuschlagen. Wenn ich der Meinung war, der hätte es nötig. Manchmal hat Günther auch regelrecht Aufträge besorgt. Vielleicht verdiente er auch Geld damit. Ich wußte es nicht so genau, und ich wollte das auch gar nicht so genau wissen. Ich hab mich als Priesterin, das war meine besondere Aufgabe, mit dem Fußvolk unterhalten und unsere für die Meute gefilterten Theorien weitergegeben. Ich empfahl als Lesestoff das »6. und 7. Buch Mosis«, das »Necronomicon«. Schriften von Nostradamus, und die Idioten haben den Schwachsinn für die absoluten Geheimschriften gehalten. Von Charles Manson hatten schon einige gehört, aber von Crowley, Gurdjieff, Blavatsky oder Grosche hatten sie keinen blassen Schimmer. Und das war schon ein tolles Feeling, wenn man sich so viel schlauer vorkommt als die anderen und das auch demonstrieren darf.«

Die Meute hing mir an den Lippen, und sie kriegten große Kinderaugen, wenn ich ihnen von den schwarzen Messen erzählte, was da alles passierte und schon passiert war. Wie Tische durch die Luft geflogen waren, daß manchmal Blut aus der Wand lief und ER selbst also unzweifelhaft anwesend gewesen war. Ich schmückte meine Erzählungen immer ein bißchen aus, und wenn ich wirklich gut war, wußte ich selbst nicht mehr so genau, was tatsächlich passiert war und was dabei nur Ausschmückung war. Die Hauptsache war doch, die Meute war fasziniert, und man motivierte sie für die Dienste an SATAN. Das entschädigte mich so ein bißchen für die miesen Gefühle, die ich ja doch mitunter hatte. Es machte mir Spaß, meine Macht über die Meute zu spüren. Mit ihr zu spielen. Und die Meute geiferte regelrecht danach, auch mal bei so einer schwarzen Messe zugucken und womöglich sogar daran teilnehmen zu dürfen. Das durften sie ja auch. Wer sich besonders angestrengt hatte, der durfte mal zugucken. Und wer sich ganz hervorragend bewährt hatte, zum Beispiel Hostien gestohlen hatte, der durfte sogar daran teilnehmen und sogar mal eine Opferschale halten oder das Opfertier, oder sie durften sogar mal einen Schluck von dem Blut trinken. Und wer in Michaels Tabellen, Säulen und Kuchen ganz oben stand, der durfte als Krönung sogar LSD nehmen und das Nonplusultra erleben: die Teilnahme an eine sexualmagischen Orgie. Wie gesagt, Günther engagierte dafür Nutten. Wir Priesterinnen, Vera, Gabi und ich, waren uns zu schade dafür. Das hätte der Disziplin geschadet. Manche Weiber aus der Meute waren aber auch ganz wild, gerade auf diese Orgien. Das war gut, denn dann sparten wir das Geld für die Nutten.

Krischan und Günther haben mich angesprochen. Sie meinten, es wäre doch ganz gut, wenn ich auch ein bißchen Geld dazu verdienen könnte. Schließlich würde ich ja mit in der WG leben. Alles zu bezahlen, sei gar nicht so einfach. Ich meinte, wir hätten doch über die Meute genug Leute, die uns Geld ranschafften, aber sie meinten, man könne ja noch mehr Geld machen. Und immerhin sei es ja auch ein Gebot SATANS, dem Mammon zu frönen und soviel wie möglich zusammenzuraffen. Es wäre ja nicht übel, wenn man gut leben könnte. Das konnte ich einsehen, und ich fragte, was sie mir denn vorschlagen wollten. Innerlich hatte ich aber schon Panik, daß ich wie Vera als Nutte arbeiten sollte. Vera hatte sich nie großartig über ihre Arbeit ausgelassen, aber daß da was in der Richtung bei Krischan und Günther lief, das hatte ich doch schon mitbekommen.

Günther meinte dann, ich hätte mich doch mal dahingehend geäußert, daß ich viel lieber draufhauen würde als mit jemandem zu schlafen. Das war mir recht. Zumindest war mir das lieber, als anschaffen gehen zu müssen. Ich hatte wirklich keinen Bock, mit jedem x-beliebigen Typen rumbumsen zu müssen. Mir war zwar nicht so recht klar, wie das aussehen sollte, aber in jedem Fall erschien mir das als das geringere Übel. Und ich wollte die beiden ja auch nicht enttäuschen.

Krischan meinte auch, diese Fähigkeit von mir, draufhauen zu können, könnte man sicherlich irgendwie anbringen und benutzen.

Dann haben sie mir erklärt, daß es außer den echten schwarzen Messen mit den echten Ritualen auch noch schwarze Messen gäbe, die mehr oder weniger so zur Show gemacht würden. Meistens seien da Orgien. Und Nutten hätten sie ja schließlich genug, dafür bürgte Günther. Ihnen fehle eine Frau, die so ein bißchen Power reinbrächte, so ein Element des echten Sadismus, das würde der Show-Messe noch einen zusätzlichen satanistischen Reiz verleihen.

Das fand ich erst mal toll. Schließlich glaubte ich an meinen Haß und an die Lehre. Beides zusammen war wirklich ein gutes Mittel gegen die Angst.

Außerdem reizte mich der Geanke, wirklich mal zuschlagen zu können. Ich meine, selber zuschlagen zu können, nicht der Meute nur irgendwelche Befehle zu geben. Es war zwar ganz reizvoll, diese Befehle geben zu können: bei Karstadt die Schaufensterscheiben einschlagen, Hostien klauen, Raubüberfälle auf Spielsalons, jemanden beschatten – so hatten wir einiges herausbekommen –, Opfertiere besorgen, jemanden zusammenschlagen, sogar Ritualtötungen wurden unterstützt.

Aber warum sollte ich nicht auch selber Geld verdienen? Krischan und Günther hatten doch ganz recht. Kein schlechtes Gefühl, mit einem Dienst an SATAN das erste eigene Geld verdienen zu können.

Sie haben mich dann mal zu so einer Show-Messe mitgenommen. Das war mir erst mal ziemlich fremd, denn als Priester gab es nur Günther und Krischan, aber irgendwie mit gebremsten Schaum. Dann die Vera, aber die war ja sowieso Prostituierte, und dann noch drei andere Frauen, von denen aber nicht so recht klar war, ob sie auch Prostituierte oder Weiber aus der Meute waren. Dann waren da noch vier Männer dabei, die ich überhaupt nicht kannte. Und ich.

Es war abgemacht, daß ich mir das zuerst mal ein bißchen angucken sollte.

Günther hat dann einen Hahn geschlachtet, und die Weiber haben ein bißchen mit dem Blut herumgesuhlt, sich damit eingeschmiert, aber völlig ohne Rituale. Krischan hat zwar was gesprochen, aber auf deutsch, und alles klang irgendwie so unecht, so gekünstelt.

Es wurde einfach nur eine perverse Orgie, aber so stimmte das nicht, eigentlich war es nur eine gewöhnliche Herumvögelei. Die echten Perversitäten habe ich mir erst später dann selber ausgedacht.

Ich brauchte beim ersten Mal nichts zu machen, ich habe erst mal einfach nur zugeguckt. Günther meinte aber, ich sollte doch wenigstens ein bißchen onanieren dabei, damit ich nicht so abseits stünde.

Das war mir schon immer schwergefallen, zumal vor Zuschauern, aber es war mir egal. Ich mußte da durch. Ich habe es dann auch gemacht und an mir herumgerubbelt. Eigentlich ein gutes Gefühl, denn mittlerweile war ja alles, was eklig war, irgendwie gut.

Als alles vorbei und ich wieder oben in der Wohnung war, wollte Benno mit mir schlafen. Er wußte ja, wo ich gewesen war. Merkwürdig, wie wichtig ihm das war in dem Moment. Er quengelte sogar herum. Doch es ging nicht. Es ging einfach nicht. Das Bild von dieser Orgie wollte mir nicht aus dem Kopf.

Am nächsten Tag brachte Günther die Sachen.

Meine Domina-Kluft.

Ich wurde nicht so eine geile Domina mit High-Heels, sondern eine schwarze und besonders strenge Domina. Eine schwarze Korsage, die meine Brust ganz schön einquetschte, ein bißchen zerfetzt das Ganze, und eine knallenge schwarze Hose aus Satin. Und Stiefeletten von der Jahrhundertwende. Und als Abschluß stachelige Nietenmanschetten und ein nach außen umgedrehtes Hundestachelhalsband. Und einen Umhang kriegte ich auch noch, so einen wie Graf Dracula.

Ich habe eine Weile gebraucht, bis ich die Sachen zum ersten Mal angezogen habe.

Und, da bestand ich drauf, eine Augenmaske.

Abe Günther schleppte nicht nur das Kostüm an. Ich weiß auch nicht, wo er die Sachen her hatte, aber er schleppte Peitschen an, verschiedenster Sorten. Von der einfachen Peitsche, der schwarzen Mamba, bis zur neunschwänzigen Katze. Und Gerten, Reitpeitschen, Rohrstöcke, Ketten, Arm- und Beinfesseln und lauter solche Sachen. Mir war schon mulmig im Bauch, aber auch kitzelig. Die Sachen übten schon einen gewissen Reiz auf mich aus.

Günther, Krischan, Vera und ich setzten uns dann zusammen, und wir überlegten, wie und mit welchen Scheinritualen wir diese Show-Messen gestalten wollten. Eben nicht wie bisher, sondern durch eine zusätzliche perverse Komponente, die ich da reinbringen sollte. Günther hatte in Pornozeitschriften Chiffre-Annoncen aufgegeben:

DIE SAAT GEHT AUF

Erwache aus Deinem dämlichen Schlummer!
Entfliehe den schleimigen Romanzen weiblicher
   Fleischtöpfe,
den Schlächtereien der Narrheit!
Die Dämonen der Lust verfangen sich
– vom Angstfieber erfaßt –
im Gespinst Deiner zerrissenen Bedürfnisse.
Im Chorgestühl unserer Leidenschaften
verwehen die Flüche unserer Opfer.
Übelwollende Furien satanischer Lust,
stoßen wir Dich in unsere Fleischkammern.

Unsere Schritte hinterlassen Tränenspuren.
Die Physiognomie des Sklavischen
treibt uns zur Schändung.
Unter glühenden Zangen erlöschen Deine Augensterne,
unsere Nadeln rühren die blutige Milch Deiner Augen.
Wenn Blut springt und der Brei Deiner Seele
uns bespritzt, jagen wir Dich in die Finsternis
unserer nachtgewirkten Begierden.
Du bist nur Dein Schatten!
Wer sind die Wesen, denen Du verfällst?
Wir sind die Halluzinationen des Bösen.
Verderbtheit ist unser Gesetz,
Sinnlichkeit unser Zügel.
Bete, wenn wir Dich erhören,
bist Du bald Objekt unseres Kultus.

Chiffre

Zahlreiche Zuschriften waren eingegangen. Die grundsätzliche, satanistische Überlegung war, daß Lust und Schmerz miteinander verbunden werden sollten. Oder eigentlich, daß es ja edelste satanistische Gefühle waren, wenn man an Schmerzen Lust empfindet. Schmerz ist ja die Folge von Haß, und Haß ist die Folge von Schmerz. Da hatten wir doch eine gute Möglichkeit gefunden.

Es paßte alles.

Ich habe dann mit Krischan und Günther sogar vorher ein bißchen geübt. Und die Peitsche ist mir dabei ausgerutscht. Da lobten mich die beiden wieder und meinten, jetzt hätte ich es begriffen, und ich sei jetzt soweit.

Allerdings, bei meinen ersten Einsätzen als Domina mußte ich zwischendurch immer wieder aufs Klo rennen, habe dort gezittert und geheult vor lauter Ekel. Und gekotzt habe ich. Ich hab gekotzt, bis nichts mehr drin war, und dann hab ich immer noch weitergekotzt.

Würgen.

Ich habe es aber trotzdem gemacht, weil ich wieder dachte, da mußt du jetzt durch. Das ist ja auch die Lehre, daß man seinen Ekel überwinden muß. Man muß es tun, man muß es tun, man muß es immer wieder tun. Das steckte einfach drin. Und schließlich ist mir das auch gut gelungen.

Allerdings konnte ich anschließend keinen Schwanz mehr sehen.

Wenn Benno dann nachts auch noch anfing, er wolle mir mir schlafen, hab ich's dann einfach über mich erhehen lassen. Ihm ein bißchen Orgasmus vorgetäuscht oder auch nicht, ihm war's ja sowieso egal.

Es wurde ein glänzendes Geschäft. Ich habe diese Männer gequält und geschlagen, und ich habe Lust dabei empfunden. In dem Maße, wie ich diese Schweine gequält habe, bin ich wenigstens zeitweise meine Angst losgeworden. Ich habe mir mit Wonne die sadistischsten Schweinereien ausgedacht. Krischan und Günther waren begeistert. Vera kriegte großen Respekt vor mir. Und hatte ich anfänglich noch Schwierigkeiten zuzuschlagen und diese Männer zu demütigen, wurde es langsam immer besser. Es machte mir sogar richtig Spaß. Und der Rubel rollte.

Zu den Sitzungen wurden vier Männer zugelassen. Dazu wurden zwei bis drei Nutten organisiert oder Weiber aus der Meute (denen wurde nicht gesagt, daß es Show-Messen waren). Und ich. Günther oder Krischan waren auch dabei. Mal beide, mal nur einer. Benno nie. Die Domina war eben meine eigene Sache.

Ohne Benno.

Nur ich.

Die Teilnahme an so einer Show-Messe kostete pro Nase achthundert Mark.

Es gab aber auch Einzelbehandlungen.

Es war immer ein besonderes Ereignis, geradezu ein Fest, wenn ein richtiger Geistlicher zu uns in die »Hölle« kam, um sich bestrafen zu lassen. Das war wie eine Bestätigung für uns. Dieses Versteckspielen. Sie trauten sich in der Regel nicht zu sagen, daß sie Geistliche waren, aber wir haben es trotzdem herausbekommen.

Rudolph.

Ein ganz Schüchterner.

Ein katholischer Kaplan. Aus der St.-Getrudis-Gemeinde. Er hatte eine besondere Spezialität. Er wurde wohl mit gewissen Problemen nicht so recht fertig: Er ließ sich alle zwei Monate für sechshundert Mark von mir die Vorhaut zunähen. Mit Nadel und Faden. Zwirn. Schwarzer. Er bestand sogar darauf, daß immer ein bestimmtes Muster entstand. Kreuzstich. Und dabei mußte er das Vaterunser rückwärts beten. Er ging dann zugenäht nach Hause.

Oder Karl.

Ein Richter.

Der erzählte immer, daß er mindestens drei Freundinnen gleichzeitig habe. Mindestens.

Die Bestrafung lief dann so ab: Es fing immer damit an, daß er sich auf eine Nutte legte. Ich kam dann herein und »erwischte meinen kleinen Jungen«. Bei dem, was er »da machte«. (Dabei konnte er gar nicht, da stand ihm nichts. Ich habe die Nutte mal extra danach gefragt. Aber da war nichts. Überhaupt nichts.) Ich mußte dann eine Reitgerte nehmen und ihn windelweich prügeln. Er kroch dann auf allen vieren zu mir und sang unterdessen: »Ich will es niemals wieder tun, ich will es niemals wieder tun ...« Dabei wurde er richtig scharf, und er spritzte auf den Boden ab, den er dann sauberlecken durfte.

Und als besonderes Bonbon: Diese Nutte mußte eine Woche lang nur Schokolade essen (wir ließen ihn in dem Glauben), und die Scheiße, die sie dann schiß, die fraß er. Mit einem eigens dazu mitgebrachten silbernen Löffelchen.

Und er beichtete mir alle seine »Schwierigkeiten«, die er mit diesen Freundinnen so anstellte. War das langweilig.

Am nächsten Tag konnte er weitermachen bei seinen

Freundinnen. Er steckte ihnen als besonders geiles Späßchen den Finger in den Arsch. Das war ihm furchtbar wichtig. Beim, wie soll ich sagen, Bumsen. Immer den Finger in den Arsch. Und am nächsten Morgen verurteilte er dann. Als Richter spielte er Schicksal. Hurra.

Eintausendzweihundert Mark.

Wir brauchten keine Angst zu haben, daß irgendwer von den Beteiligten womöglich etwas ausplauderte. Es waren alles Leute, die in der Gesellschaft hochangesehen waren: Ärzte, Juristen, höhere Beamte, Unternehmer; alles Leute, die jede Menge Geld haben und die wohl einen ganz perversen Nervenkitzel brauchten, weil sie sonst sowieso alles in den Arsch gesteckt bekamen und sich sowas überhaupt leisten konnten. Das war schon ein irres Gefühl: Draußen steht der Porsche vor der Tür, und hier im Keller küssen sie dir die Stiefel. Da hat es dann doppelt Spaß gemacht draufzuhauen und ich habe meine letzte Achtung vor den Menschen verloren.

Michael führte mit seinem Computer über genau diese Leute ebenfalls Buch: Das waren die Namen, die ich aus der Meute nicht kannte. Michael führte Buch über die Gewohnheiten dieser Leute, die besonderen Vorlieben und Abarten, wo sie arbeiteten und so weiter. Krischan und Günther haben das dann genutzt. Sie haben über unsere Kundschaft jede Menge guter Kontakte bekommen, was sie auch weidlich verwertet haben.

Tagsüber bin ich weiter in die Schule gegangen. Es war ein irres Gefühl. Abends und nachts arbeitete ich im Keller, tagsüber war ich das Schulmädchen. Wenn die gewußt hätten, was ich alles mache! Wer ich eigentlich war!

Aber daß sie es nicht gewußt haben, gerade das bereitete mir ja diesen Spaß.

Einen Heidenspaß.

10. KAPITEL

So lief das ein dreiviertel Jahr. Die Tage vergingen, die Nächte vergingen, ich verlor mein Zeitgefühl.

Ich war wie in Trance.

Tage und Nächte vermischten sich. Die einzige Orientierung war der Besuch der Schule, wenn ich hinging. Das Leben in der WG war ein einziger Taumel. Der Keller wechselte mit der Schule, die Schule mit der »Hölle«, die »Hölle« mit Saufgelagen, die Saufgelage mit Orgien in der WG und im Keller. Wir verdienten nicht schlecht dabei. Hin und wieder hielten wir echte schwarze Messen ab. Das war allein deshalb nötig, um die Meute bei der Stange zu halten, die brauchte das, aber wir auch. Untereinander redeten wir über unsere neuen Theorien, zwischendurch so banale Sachen wie Klo putzen, und gejuxt haben wir, aus Angst. Wir haben sogar zusammen Fernsehen geguckt und die Wirklichkeit an unseren satanistischen Theorien gemessen, und andersherum. Wenig Schlaf, unregelmäßiger Schlaf, viel Action, Sauferei, Drogen und Sauferei und Drogen. Ich konnte Realität und Traum nicht mehr unterscheiden.

Wahnsinn.

Dann passierte etwas. Etwas, womit keiner gerechnet hatte. Am wenigsten ich.

Ich wurde schwanger.

Aufgefallen ist mir erst nur, daß meine Regelschmerzen ausblieben. Nicht, daß ich sie sehr vermißt hätte. Es hat eine Weile gedauert, bis mir klar geworden ist, was das Ausbleiben der Schmerzen womöglich bedeuten könnte. Aber ich habe es lange nicht wahrhaben wollen. Ich hatte Spannungen in der Brust, und ich mußte morgens kotzen, ohne daß ich ein Ekeltraining absolviert hätte.

Völlig grundlos. Oder?

Eine neue Angst war hinzugekommen. Was war, wenn ich wirklich schwanger war? Ich war Satanistin. Ich wollte hassen, quälen und töten. Und jetzt wuchs womöglich neues Leben in mir. Das war ein Widerspruch in sich. Es fiel mir schwer, allein den Gedanken überhaupt zuzulassen. Mein ganzes satanistisches Leben war in Frage gestellt. So einen Fall hatten wir bisher noch nicht gehabt. Jedenfalls wußte ich nichts darüber. Auch in der Satansbibel habe ich darüber nichts gefunden.

Ich vertraute mich Benno an. Der fiel aus allen Wolken. Ein Kind. Auch er konnte überhaupt nichts damit anfangen: »Was sollen wir denn mit einem Kind? Bist du dir da ganz sicher?«

Ich war nicht.

Wir behielten unser Geheimnis voerst für uns. Was sollte ich machen? Auf unseren Show-Messen verdrosch ich regelmäßig auch einen Gynäkologen. Das war die Idee. Gleich nach der Schule würde ich zu ihm gehen.

Dr. Harmeling war sehr erschrocken, als er mich sah. Er hatte mir schon oft die Stiefel geküßt, und mich in seiner Praxis zu sehen, versetzte ihm offensichtlich einen ordentlichen Schrecken. Trotzdem erzählte ich ihm von meinen Problemen. Er schien erleichtert. Er untersuchte mich, und die Diagnose war eindeutig: Schwangerschaft Ende zweiter, Anfang dritter Monat. Ich bin fast umgekippt. Er fragte mich: »Soll ich es dir gleich wegmachen?«

Ich konnte gar nicht antworten. Völlig weggetreten fuhr ich nach Hause. Benno war nicht da. Er kam erst spät am Abend. Ich sagte es ihm. Wir beratschlagten, was wir wohl machen könnten. Wir wußten es nicht. Schließlich meinte Benno, in solchen Fällen wisse wohl nur Krischan Rat.

Mir war gar nicht wohl bei dem Gedanken.

Krischan brauchte eine ganze Weile. Dann sagte er: »Es gibt nur zwei Möglichkeiten. Entweder Ricky läßt es sofort wegmachen, oder aber«, er machte eine furchtbar lange

Pause, »wir lassen sie das Kind austragen und opfern dann statt eines Tiers das Kind auf einer schwarzen Messe.«

Mir schlug ein Hammer gegen den Kopf, und mein Bauch krampfte sich zusammen.

Bei den anderen machte sich Begeisterung breit. Das, fanden sie, sei eine tolle Idee. Das wäre Satanismus in Reinkultur. Das wäre die Perfektion.

Ich ging in unser Bett. In unser Bett, wo das Kind entstanden sein mußte. Oder war es woanders entstanden? Nein, als Domina mußte ich nicht mit den Kunden schlafen. Es mußte hier entstanden sein. Wer war eigentlich der Vater? Jedenfalls keines dieser Schweine von den Show-Messen. Da war ich die Domina, da durfte keiner an mich heran. Wahrscheinlich war es Benno, aber sicher war ich mir nicht. Und es war bestimmt kein Kind der Liebe, es war ein Kind des Hasses.

Alles drehte sich.

Was war mit Krischans Vorschlag? Auf die Richter, auf die höheren Beamten, auf die Unternehmer und auch auf die anderen Schweine konnte ich bedenkenlos draufschlagen. Aber ein Kind? Was hatte es mir getan? Das ging nicht. Das ging doch nicht. Oder?

Nein, das konnte ich nicht. Auf einmal kam alles hoch. Ich hatte in meinem Leben schon viel Angst gehabt. Aber der Gedanke, ein unschuldiges Kind, ein Kind, das mir nichts getan hatte, einfach zu schlachten, das war zuviel. Ja, ich wollte Blut, und ich wollte mich auch rächen. Aber an einem Kind? Wie konnte ich mich an einem Kind rächen? Wofür? Auf diese Schweine da im Keller einzuschlagen, das machte mir Spaß, ja. Da konnte ich mich rächen dafür, daß das alles miese Schweine waren. Die Juristen, die Ärzte, die ganze widerliche Bagage. Die sogar noch dafür bezahlten, daß ich sie quälte.

Aber ein Kind?

Ich wußte nicht, was ich tun sollte. Und es war merkwürdig. Die anderen aus der WG machten einen Bogen um mich. Auch Benno. Er hat seitdem nicht mehr mit mir schlafen wollen oder können. Zweimal bin ich noch in den Keller gegangen, aber Krischan und Günther hatten wohl ein Einsehen. Ich war auch nicht so gut wie sonst. Sie sahen mich seitdem auch so komisch an. Fast hatte ich das Gefühl, ich sei ihnen unheimlich.

Man ließ mich in Ruhe.

Ich wußte immer noch nicht, was ich machen sollte. Alles war auf einmal so anders. Vielleicht wünschte ich mir sogar ein Kind. Aber kann denn eine Satanistin ein Kind bekommen? Ich versuchte mir vorzustellen, wie das wäre, in unserer WG ein Kind großzuziehen. Unmöglich. Die Tage verliefen jetzt anders. Nach der Schule ging ich in die City, nach Karstadt in die Kinderabteilung. Der Gang durch die Wühltische mit den Kindersachen war ein einziger Spießrutenlauf. Die Fläschchen, die Strampler, die Windeln, die Rasselchen, die Nuckel: Alles hatte sich gegen mich verschworen. Dumpf dröhnte es mir im Kopf: Blut, Blut, Blut, das Blut meines Kindes. MEINES KINDES. Ich taumelte und riß einen Kleiderständer um. Ich bin wohl in Ohnmacht gefallen. Ich kam wieder zu mir, und drei Verkäuferinnen standen um mich herum. Eine vierte saß auf dem Boden und hielt mich im Arm. Wie ein kleines Kind, wie ein Baby.

Da war es klar: Nein, das Kind schlachten lassen, das konnte ich nicht.

Aber was sollte ich denn tun? Es war furchtbar. Abends kochte ich mir Haferbrei und legte Buntstifte zurecht. Es durchzuckte mich: Für wen denn?

Und wieder alles kam in mir hoch. Was mache ich hier eigentlich die ganze Zeit? Ich mache doch eigentlich Sachen, die ich nie wollte. Ich wollte doch nie jemandem weh tun. Ich wollte doch die Welt, ja, irgendwie zurechtlieben. Ich hatte doch immer geglaubt, daß man durch Liebe den Haß irgendwie besiegen könnte. Und das war alles weg. Es war al-

les umgekehrt. Ich war plötzlich pervers, habe Menschen gequält und ds auch noch für Geld. Ich kam mir schon vor wie
eine Hure, und im Grunde genommen habe ich nichts anderes gemacht. Ich habe in der WG mit sämtlichen Leuten her-
umgebumst, rohes Schweinefleisch gegessen ...

Auf einmal war all das Verdrängte sehr lebendig. Dieses
verfluchte Kind rief in mir etwas wach, was die ganze Zeit
einfach zugeschüttet gewesen war. Draufgehauen hab ich.
Und wie. Und jetzt kam es mir vor, als hätte ich die ganze
Zeit auf mich selbst eingeschlagen.

Die ganzen Theorien gingen mir wieder durch den Kopf:
diese Zerstörung, die Konsequenz, die satanistische Konsequenz, daß, wenn man selber nicht mehr fähig war, irgend
etwas zu zerstören, daß die einzige Konsequenz daraus war,
sich selber zu zerstören. Selbstmord. Ich dachte, um mich in
meiner satanistischen Identität retten zu können, muß ich
mich umbringen.

Angst, Angst, Angst, Angst.

Wie betäubt ging ich in die Schule. In der Schule bin ich
durch die Flure gerannt. Ich wollte nicht hier sein, aber es
war besser als »zu Hause«. Ich mußte mich umbringen. Ich
konnte mir nicht vorstellen, einfach zu meinen Eltern
zurückzugehen. Mich vom magischen Kreis, der doch meine Welt, mein Ich war, irgendwie lösen zu können. Das ging
doch nicht. Ich mußte mich umbringen. Ich habe nur noch
geheult, gezittert, und mir wurde klar: Jetzt entscheidest du
dich. Und wieder habe ich gezittert und geheult. Wenn ich
mich umbringe, dann bringe ich mein Kind auch um. Durfte ich das? Konnte ich das? Aber so konnte ich auch nicht
weiterleben. Ich dachte wieder an Krischan. Was er gesagt
hatte. Entweder opfern oder abtreiben. Opfern konnte ich
nicht, da blieb nur abtreiben. Und ich bog es mir innerlich
zurecht: Wenn ich es jetzt abtreibe, dann ist es irgendwie
auch ein Opfer für SATAN. Und ich kann weiterleben.

Das erschien mir als die beste Lösung.

Zwei Stunden später war ich bei Dr. Harmeling. Er schien schon auf mich gewartet zu haben. Das Schwein. Ich sagte ihm, daß ich es weg haben wollte. Er grinste nur dreckig und sagte: »Komm heute abend wieder, wenn die Sprechstunde vorbei ist.« Ich war pünktlich da. Er sagte nur: »Zieh dich aus.« Ich tat es. Und ich stieg auf den Stuhl. Und dann hat er es mir weggemacht. Ohne Narkose.

Es hat so wehgetan. Ich war unfähig, mich zu wehren. Ich ließ es zu. Ich mußte es zulassen. Was hätte ich denn machen sollen.

Dieses Schwein.

Und es hat geblutet, es hat geblutet, es hat so geblutet.

Spätestens dann
Werden die Menschen
Aussterben
Wenn
Die Angst der
Eltern um ihre Kinder
So weit geht, daß
Sie ihren Nachkommen
Die Angst
Vor dem eigenen Tod
Nicht
Zumuten
Wollen

11. KAPITEL

Wie ich es nach Hause geschafft habe, ich meine in die WG, weiß ich nicht mehr.

Mein Bauch brannte. Ein Pfropf saß mir in der Scham. Ein Pfropf von Dr. Harmeling, aber nicht nur.

Ich habe mich geschämt, ich habe mich geschämt wie noch nie in meinem Leben. Ich hatte meine Scham nie zulassen können, jetzt schaffte ich es nicht mehr, sie zu unterdrücken.

In unser Bett konnte ich nicht mehr. Zuviel war darin passiert. Ich konnte mich dort nicht mehr hineinlegen, die Erinnerungen waren zu stark. In mir war etwas zerbrochen. Ich wußte aber nicht, was. Ich wußte es noch nicht. Aber es rumorte. Es rumorte unaufhörlich. Mein Bauch war eine offene Wunde. Ich hielt es nicht mehr aus. Ich mußte schreien. Und ich schrie.

Ein gewaltiger Schmerz, ein Schmerz, wie ich ihn noch nie gefühlt hatte, machte sich Luft. Es schoß mir durch den Kopf: Das ist der Schrei aus meinem Alptraum, dieser furchtbare, nichtendenwollende Schrei aus der »Hölle«. Ein Schrei tief aus meiner Seele.

Was hatte ich getan.

Ein Pestkarren zieht durch meinen Kopf. Er verfolgt mich. Auf dem Karren liegen Pestleichen. Ich versuche wegzurennen. Ich will diese Leichen nicht, ich will diese Leichen nicht sehen. Ich kann diese Leichen nicht sehen. Ich renne weg. Ich falle hin. Ich falle in eine Schar von Kindern, die mich bei meinem Namen rufen. Bei meinem richtigen Namen. Sie rufen nicht »Ricky«, sie rufen »Ricarda«. Sie rufen: »Ricarda!« Und sie verspotten mich. Sie lachen über meine Dämonen, sie lachen über meine Angst. Sie LACHEN über meine ANGST.

Dämonen gaukeln mir vor Augen. Grinsende Fratzen zertreten meine Seele. Geifernde Fressen fressen sie auf. Ich falle. Ich will nicht. Ich falle. Ich falle weg aus dieser Welt.

Weg.

Ich will nicht mehr allein sein. Ich kann nicht mehr allein sein.

Wohin.

Die Wohnung ist leer.

Ich irre durch die Wohnung.

Niemand.

Allein.

Dieses klaffende Loch im Bauch.

Vorbei?

Ja. Es ist weg. Es ist vorbei.

Ich kann nicht mehr.

Die Wohnungstür schlägt zu. Es ist jemand gekommen. Es ist Michael. In meiner Not vergesse ich alle Vorsicht. Ich vertraue mich ihm an. Ihm, einem Satanisten.

Michael ist umgefallen. Er hatte Verständnis: »Hör mal, Ricky, wenn du es nicht mehr aushältst, verschwinde. Aber mach es so, daß die dich nicht finden. Daß wir dich nicht finden. Du darfst nirgendwo lange bleiben, weil – wir finden dich.«

Da übermannte es mich: nur noch weg.

Das war doch das, was Michael sagte. Das war auch das, was ich fühlte. Und immer noch nicht wußte.

Ich hab mich nicht getraut.

Angst.

Angst.

Nichtendenwollende Angst.

SATAN sieht ja, daß ich wanke. Er muß ja sehen, daß ich auf einmal wieder wankelmütig und gefühlsduselig werde.

Schlimmer noch, schon geworden bin. Er weiß es, denn er ist in mir.

Angst.
Angst.
Noch mehr Angst.

Die Wohnungstür. Dröhnt. Wer kommt?
Benno.
Er sucht mich.
Er findet mich.
»Wir sind fertig. Kommst du?«
»Wie?«
Da fiel es mir wieder ein. Für heute abend war ja eine Messe angesagt. Wo ich wieder die Domina spielen sollte.
»Nein, ich kann nicht.«
»Wie?«
Benno verstand nicht. Oder er wollte es nicht verstehen. Oder er konnte es nicht verstehen.
Ich schrie es heraus: »Ich kann es nicht!«
»Wie«, fragte er, »was kannst du nicht?«
»Ich kann es nicht mehr.«
Dem Benno dämmerte es wohl langsam: »Was kannst du nicht mehr – zuschlagen?«
Meine Antwort kam nur matt: »Ich kann überhaupt nicht mehr. Ich kann nicht mehr die Domina sein, ich kann nicht mehr Satanistin sein. Ich kann nicht mehr. Es ist mit mir etwas passiert, das kann ich nicht aufhalten, und es wäre unehrlich, wenn ich jetzt einfach weitermachen würde. Das ist vielleicht nur eine Phase, aber ich kann erst mal nicht.«
Benno guckt mich so merkwürdig an. Er schiebt mich in unser Zimmer, er stößt mich auf unser Bett, er geht wortlos hinaus, macht die Tür hinter sich zu und schließt ab.
Was hatte ich getan.
Verräter müssen dran glauben.

124

Ich wurde schier wahnsinnig vor Angst. Es war nie so offen ausgesprochen, aber allen Beteiligten war klar, Verräter müssen dran glauben. Bilder schossen mir durch den Kopf, sie trafen meinen wunden Bauch. Es war ja schon vorgekommen, mitten in Köln. In einer Kneipe, vor hundert Zeugen, hatte einer aus der Meute, nur um seine Treue zu beweisen, jemandem den Bauch aufgeschlitzt. Das war damals als die Tat eines Wahnsinnigen abgetan worden, aber ich wußte Bescheid.

Verräter wurden auf das schärfste bestraft.

Durch massiven Angriff, bestimmt wurde man auch umgebracht. Das war eigentlich das naheliegendste. Mit diesen Bildern im Kopf war ich alleine in unserem Zimmer.

Benno kam mit Krischan zurück.

Das ganze von vorn. Aber ich wollte einfach nicht mehr. Sie haben's nicht verstanden. Sie haben mich nur angeguckt und wollten von mir nur wissen, ob ich aussteigen wollte oder ob ich nur nicht mehr Domina sein wollte oder was. Um ihnen das wirklich klarzumachen, nahm ich meinen Füller, schmiß ihn zu Boden, zertrat ihn und schrie:

»Ich will überhaupt nicht mehr!«

Benno kam auf mich zu und schlug mich voll auf die Schläfe. Ich hab nur noch Sterne gesehen. Ich flog in die Ecke, und Benno meinte nur:

»Heb den Füller wieder auf.«

Ich wollte aber nicht.

Er schlug mich wieder und wieder.

Ich schrie: »Nein, ich kann nicht ..«

Er schlug nur noch auf mich ein. Mein Benno.

Gabi kam dazu, weinte und jammerte: »Jetzt heb doch den blöden Füller endlich auf ..«

Ich hab den Füller dann aufgehoben, die Tinte färbte mir die Hände blau, und Krischan versuchte, mir gut zuzureden: »Ricky, das ist bestimmt nur eine vorübergehende Schwäche, du schaffst das schon.«

Doch ich blieb ehrlich: »Nein, Krischan, es ist vorbei, ich halte es nicht mehr aus, ich weiß, daß es einfach nicht mehr geht, es geht nicht mehr, ich bring's nicht.«

Krischan antwortete müde: »Dann tust du mir einfach nur leid.« Er wußte wohl schon, was jetzt kam.

Und es kam, wie es kommen mußte. Benno flößte mir eine Flüssigkeit ein, und ich wußte nicht mehr, wie mir geschah. Alpträume und Horrorvisionen überschütteten mich mit neuen, ungekannten Ängsten: Vogelspinnen krochen über mich hinweg, Dämonen schnitten ihre Fratzen, Bilder sind von der Wand gefallen, Blut strömte über mich, ich hörte ein furchtbares Heulen und Schreien und konnte nicht mehr unterscheiden, ob es magische Beeinflussung war oder die Droge, die Benno mir eingeflößt hatte.

Dann kommt die Nacht. Benno legt sich neben mich und will mit mir schlafen. Ich kann nicht. Er tut es trotzdem. Ich bin viel zu schwach, um mich wehren zu können. Dann ist es endlich vorbei. Ich will gerade einschlafen, da macht er mich wieder wach. Er läßt mich nicht schlafen. Kurze Zeit später fallen mir wieder die Augen zu. Er macht mich wieder wach. So geht es die ganze Nacht. Er gibt sich wirklich Mühe. Am nächsten Morgen die nächsten Medikamente. Wieder die Frage: »Gibst du auf?« »Nein.« Und wieder werde ich zusammengeschlagen. »Gibst du auf?« »Nein.« Und wieder Schläge. »Gibst du auf?« »Nein.« Und wieder zusammengeschlagen.

»Gibst du endlich auf?«

»Nein.«

Dann werden in meinem Beisein Diskussionen geführt, was SATAN wohl alles mit mir machen würde, und direkt zu mir: »Du weißt doch, was mit Leuten passiert, die sich von SATAN abwenden?«

Ich wußte es eigentlich nicht. Aber genau das war das Furchtbare. Krischan hatte mal gesagt, daß Leute schon spurlos verschwunden seien auf Sitzungen. Daß die Erde sich aufgetan und SATAN sich seine Opfer geholt hätte. Ich wußte nicht, was SATAN wohl tun würde, und das trieb meine Ängste ins Unermeßliche.

Die ersten Wochen waren sehr schlimm, die ersten zwei, drei Wochen. Ich habe täglich meine Prügel gekriegt. Sie haben sich dabei abgewechselt. Mal Benno, mal Günther, mal Michael. Nur Krischan nicht.

Dann haben sie mich zur Abwechslung mal wieder in die Schule gelassen. Sie haben mich hingebracht und wieder abgeholt. Und sie haben mir gesagt, wenn ich nur einen Ton sage, dann .. gibt's action.

Ein Lehrer, der versucht hatte, mit mir zu sprechen, weil er ganz einfach gesehen hatte, daß ich blau geschlagen war, der hat nichts aus mir rausgekriegt. Ich hatte viel zuviel Angst, darüber zu reden.

Die Schläge haben mit der Zeit nachgelassen, aber was viel schlimmer war: diese Medikamente. An Psychopharmaka zu kommen, war ja kein Problem für »uns«. Der hippokratische Eid der Ärzte reichte nicht bis ins Umfeld der Satanisten. Endlose Horrorvisionen: Ich war nur noch ein Wrack.

Und diese andauernden Vergewaltigungen, vorher habe ich es nie so empfunden. Eigentlich hat der Kerl mich ja schon immer vergewaltigt, aber das war mir nie so klar gewesen. Irgend etwas war in mir zersprungen.

Das ging fast drei Monate.

In dieser Zeit habe ich gemerkt, Gabi und Michael wollten mir irgendwie helfen, aber sie hatten Angst, sich einzumischen. Auch Benno hatte tierische Angst, denn er war für mich verantwortlich. Angst vor SATAN, der ihn bestimmt bestrafen würde, aber auch Angst vor Krischan, vor Günther .. Er hatte einfach nur Angst, und wahrscheinlich wußte er selbst nicht mal genau, vor wem.

In der Schule hatten wir einen Text zu interpretieren. Plato: Das Höhlengleichnis.

In einer Höhle sind Menschen angekettet. Das einzige Licht ist ein Feuer. Ab und zu kommen Schatten, die ihnen etwas zu essen hinstellen. Die Menschen halten diese Schatten für Götter, denn sie geben ihnen Nahrung. Sie wissen nicht, daß es keine Götter sind, sondern die Menschen, die sie dort gefangen halten, die Menschen, die sie dort angekettet haben.

Ich konnte mit diesem Text etwas anfangen. So fühlte ich mich in meinem Zimmer. Angekettet. Und die Schatten waren Dämonen, Schatten, von Menschen geworfen.

Eines Morgens, ich mußte dringend zum Klo und hämmerte an die Tür, da war es soweit. Ich weiß nicht, war es Benno, waren es Gabi oder Michael? Das Zimmer war nicht abgeschlossen. Ich habe in der Wohnung rumgeguckt, ganz vorsichtig, aber es war niemand da. Ich dachte nur noch: Jetzt reiß dich zusammen, überwinde jetzt endlich einmal deine Angst und hau ab! In dem Moment war mir alles egal, und ich hab zum erstenmal meine Teufelsangst besiegt. Ich habe meine Klamotten gepackt und bin weg. Und was ich noch gefunden hatte, im Nachtschränkchen von Gabi, ich wußte, daß sie da lag, eine Knarre. Mit ihr hab ich mich am Keller vorbeigetraut.

Ich bin abgehauen.

Ich bin nur noch abgehauen.

Wohin ...?

Es dauerte eine Weile, dann wußte ich es: Der einzige Ort, wo die mich nie kriegen würden, wo sie mich nie anrühren würden, war eine Kirche.

Ich bin wie eine Irre durch die Stadt gerannt. Ich habe eine Kirche gesucht. Und dann habe ich endlich zum erstenmal seit langer Zeit wieder eine Uhr erblickt. Eine Kirchturmuhr. Ich weiß nicht mehr so genau, an wie vielen Uhren und Kirchen ich vorbeigelaufen bin, aber ich hatte Glück. Es war sieben Uhr, und ich hatte einen Abendgottesdienst erwischt. Und ich hatte solche Angst, da reinzugehen. Da war dieser Ekel, dieser in meiner Satanistenzeit selbst anerzogene Ekel. Wenn ein Satanist eine Kirche betritt, dann fliegt er in die Luft und wird vom Weltall angezogen und verschwindet in der Unendlichkeit. Ich wollte es nicht mehr glauben. Mein Bauch war eine einzige Wunde, ich mußte dort hinein. Als ich es dann geschafft hatte, in der Kirche drin war, mußte ich nur noch heulen. Ich war vollends fertig. Ich stand einfach nur da und heulte.

Ich war in der Kirche, und ich war nicht von der Erde geflogen. Aber dieser Weihrauchgeruch! Ich mußte fast kotzen wegen dieses Weihrauchgeruchs. Ich war ja völlig umgedreht, und Weihrauch erzeugte bei mir nur noch Ekel. Ekel. Und ich wußte nicht mehr automatisch, ob ich ihn überwinden mußte oder nicht.

Ich heulte und heulte.

Eine Frau kam auf mich zu und fragte teilnahmsvoll, ob sie mir helfen könne. Da fing ich noch mehr an zu heulen. Sie sagte, die Andacht sei gleich vorbei, und dann könne ich mit dem Pfarrer sprechen. Sie hat mich ein bißchen zur Seite genommen und auf eine Bank gesetzt.

Aber dieser Geruch und diese Atmosphäre! Mein satanischer Kotzreflex setzte ein: Was hatte ich mich jahrelang bemüht, Ekel vor genau dem zu empfinden, was mich jetzt schützen sollte!

Die Frau fragte mich, ob ich vielleicht schwanger sei. Das gab mir den Rest. Dann kam der Pfarrer. Und ja, und was ist denn, und er hat mich angeguckt, und ich hab geheult und hatte total verquollene Augen und habe wohl auch ausgesehen wie eine Drogenleiche. Die Frau ist dann weggegangen und vergewisserte sich beim Pfarrer, daß er auch wirklich mit mir reden würde. Die war ganz lieb, diese Frau, aber sie hat mich eigentlich doch nur abgeschoben. Der Pfarrer nahm mich nun in ein peinliches Verhör. Aber ich konnte ihm unmöglich die Wahrheit erzählen, so wie der mich gefragt hat. Ich erzählte ihm eine Geschichte von meinem

Freund, daß ich da weg wollte, letztlich total unveständliches Zeug.

Ich habe kein vernünftiges Wort herausgekriegt. Er aber auch nicht. Ich erinnere mich nicht mehr so genau, aber er meinte, solche Situationen seien doch banal und daß ich mir mein Drama wohl selber organisieren würde, und der Streit mit meinem Freund sei wohl kein ausreichender Grund, mich so zu besaufen. Ich solle die Finger doch wohl besser vom Alkohol lassen; das wäre auch meinem Alter angemessen. Und er meinte, er wolle sich jetzt gerne zurückziehen, für sein Alter wäre es jetzt schon ganz schön spät.

Er schmiß mich sozusagen raus.

Wohin?

Ich irrte weiter durch die Stadt. Aber der Gedanke an den sicheren Hort der Kirche ließ mich nicht los. Dorthin würden die sich wirklich nicht trauen. Ich fand noch eine Kirche, die offen war. Und wieder mußte ich meine Angst überwinden, vom Weltall angesogen zu werden, diesmal fiel es mir aber schon viel leichter.

Drinnen roch es noch mehr nach Weihrauch, aber ich hielt es aus. Die Kirche war groß und menschenleer. Ein Gefühl von Geborgenheit wollte sich überhaupt nicht einstellen. Ich bekam wieder Angst. Mir ging etwas durch den Kopf: Wenn es SATAN gibt, dann gibt es vielleicht auch Gott. Und wenn es den gibt, nein, der würde mich jetzt nicht einfach holen, davon hatte ich noch nie gehört. Aber ich fand, er wohnte in einem ungemütlichen Haus. Kälte überkam mich, ich fing an zu zittern. Jetzt wurde mir auch klar, warum ich in eine Kirche geflüchtet war. Es waren nicht nur die Satanisten, vor denen ich Angst hatte, sondern auch, eigentlich besonders ER. Der traute sich hier auch nicht rein. Das war sicher. Was besonders merkwürdig war, ich hatte Angst, obwohl ich in einer Kirche war. Früher hatte ich immer gedacht, diese Angst, das ist das Zeichen dafür, daß SEINE Kraft in mir wirkte und ER also anwesend war. Aber in eine Kirche traute ER sich doch bestimmt nicht hinein, wieso hatte ich dann Angst?

Plötzlich kam der Pfarrer und fragte mich, was denn sei. Ich muß wohl wieder ziemlich wirres Zeug geredet haben, denn er sprach verständnisvoll und beruhigend auf mich ein. Ich sah ihn haßerfüllt an, denn plötzlich hatte ich auch vor ihm Angst. Vor diese Gutmütigkeit, die er ausstrahlte. Er nahm mich trotzdem mit in seine Wohnung.

Er bot mir etwas zu essen an. Das tat mir gut, machte mich aber gleichzeitig mißtrauisch. Was wollte er von mir? Er fragte mich ganz behutsam, was ich denn hätte, und ganz vorsichtig begann ich ihm von »okkulten Erfahrungen«, die ich gemacht hätte, zu erzählen. Er hörte interessiert zu.

Ich erzählte ihm, daß ich erlebt hätte, wie plötzlich jemand an der Hand geblutet habe und weder Wunde noch Narbe zu sehen gewesen seien. Ich fragte ihn, was er denn davon halte, ob das dämonisch oder satanisch sei und ob er an SATAN glaube.

Er druckste herum. »Ja«, meinte er, »ich seh Ihnen ja an, daß Sie an solche Dinge glauben, aber das ist doch in Wirklichkeit alles Quatsch.«

Er hat mich wahrscheinlich für besoffen oder unter Drogen stehend gehalten. Mein Aussehen war ja auch danach. Er nahm mich also ebenfalls nicht ernst. Und ich, in meiner Angst und meiner Verzweiflung, reiße, ganz satanistisch, die Knarre von der Gabi raus und halte sie ihm unter die Nase. Ich hab ihn angeschrien: »Jetzt helfen Sie mir endlich! Ich kann nicht mehr!« Das hat gewirkt. Er wurde kreidebleich. Er versuchte mich zu beruhigen: »Nehmen Sie doch die Knarre weg, nehmen Sie doch die Knarre weg! Wenn Sie mich jetzt erschießen, wie kann ich Ihnen dann helfen?« Ich ließ mir die Pistole abnehmen. Dabei entsicherte er sie unabsichtlich, und beinahe wäre das Ding auch losgegangen. Dann wollte er die Polizei rufen. Ich konnte ihn davon abhalten. Er war ziemlich ratlos. Er redete auf mich ein, daß ich mir doch um Himmels willen nichts antun solle und daß ich doch wohl jetzt besser nach Hause ginge. Ich mußte einsehen, mit ihm war so wenig zu machen wie mit dem anderen. Nun wollte er die Pistole nicht mehr herausrücken. Ich fing wieder an zu weinen. »Die Pistole gehört doch meinem Vater«, schluchzte ich, »was wollen Sie denn mit der Pistole?« Davon ließ er sich überreden. Er hat sie mir tatsächlich zurückgegeben. Er meinte noch, ich solle ihm versprechen, daß ich sie an den Platz bringen würde, wo ich sie entwendet hätte. Ich versprach es ihm. Wenn der gewußt hätte. Dann versuchte er mich noch zu dem Versprechen zu bewegen, ich würde mir nichts antun. Das erhielt er prompt.

Bloß weg hier. Weiter.

Wo bleibe ich die Nacht? Es mußte eine Kirche sein. Köln ist voll von Kirchen. Ich fand noch eine, die offen war. Meine Angst vorm Weltall war schon fast ganz verschwunden. Der Küster ging noch herum und machte die Lichter aus. Ich versteckte mich in einem Beichtstuhl, bis ich hörte, daß er weg war. Dann kam ich heraus und legte mich auf den Teppich vor dem Altar. Da fühlte ich mich einigermaßen sicher.

Schlafen, schlafen, endlich einfach schlafen.

Am nächsten Morgen wurde ich vom Pfarrer und seinem Küster aufgefunden. Der Küster schimpfte ziemlich herum, und auch dem Pfarrer schien es ziemlich unangenehm zu sein, daß ich auf seinem Teppich geschlafen hatte. Aber er überwand sich und lud mich zum Frühstück ein. Das fand ich ganz nett. Er fragte mich, warum ich mir denn ausgerechnet den Teppich vor seinem Altar zum Schlafen ausgesucht hätte. Ich erzählte ihm eine Geschichte. Ich sei ohne festen Wohnsitz, hätte keine Arbeit und irrte so ein bißchen herum. Die Geschichte glaubte er mir wenigstens. Wir plauderten noch ein Weilchen. Nach dem Frühstück drückte er mir zwanzig Mark in die Hand. Auch das fand ich ganz nett. Und er sagte mir noch, ich solle mich wirklich um Arbeit bemühen und nicht aufgeben.

Dann bin ich nach Weilerswist zu einer Bekannten gefahren und dort erst mal eine Weile geblieben. Die Nächte waren schlimm, aber ich besorgte mir ein katholisches Kreuz, so eins, wo der Leichnam noch dranhängt, und nahm es mit ins Bett. Dadurch wurde es erträglicher. Nach drei Wochen begann ich aber unruhig zu werden. Michael fiel mir ein. Du darfst nirgendwo lange bleiben, hatte er gesagt. Wir finden dich. Ich mußte weg von hier. Zurück nach Köln konnte ich nicht. Das Kreuz nahm ich aber mit. Mit wohin? Ich stellte mich an die Straße, und den ersten, der anhielt, fragte ich, wohin er fahre. Nach Aachen, meinte er. Fein, sagte ich, da muß ich auch hin.

In Aachen angekommen, irrte ich nun weiter ziellos durch die Stadt. Dabei traf ich zwei Punks und fragte sie, ob sie nicht wüßten, wo ich über Nacht bleiben könne. »Kein Problem«, meinten sie, »komm einfach mit.« Sie nahmen mich mit zu einem besetzten Haus. Ich bin ein paar Tage geblieben. Es war dort richtig toll. Vor allem, da war eine echte Gemeinschaft. Man hat zusammen gesessen, sie haben zwar auch Haschisch geraucht, aber es war wirklich eine echte Gemeinschaft. Da wurde sogar über Gefühle geredet, richtig über echte Gefühle, über positive Gefühle. Das war irre. Ich selbst hab nicht geredet, ich habe einfach nur zugehört. Und: In mir hat sich wirklich was getan. Da wurde ständig ein Thema angesprochen, das für mich eigentlich tabu war. Trotzdem konnte ich irgendwie dort nicht bleiben.

Ich habe dann einige Male mit meiner Mutter telefoniert. Sie weinte immer gleich los. Wie könne ich ihr das antun, was wolle ich denn in Aachen, und was sei denn mit der Schule? Ich sagte ihr, daß ich Angst hätte, nach Köln zurückzukehren. Das konnte sie gar nicht verstehen. Aber ich konnte wirklich nicht nach Hause zurück. Papa hatte doch damals gesagt, die wird schon angekrochen kommen. Diese Demütigung konnte ich mir nicht antun. Aber mein Geld ging langsam zur Neige.

SATAN war weit weg in der Zeit. Ich hatte das Kreuz und die Knarre. Das ewige Nichtstun begann mir langsam aber sicher auf die Nerven zu gehen. Vielleicht doch wieder Schule? Ob ich da überhaupt weiter hingehen konnte? Und was war mit den Satanisten? Aber konnte ich mich ewig verstecken?

Nein.

12. KAPITEL

Nach Hause konnte und wollte ich einfach nicht. Draußen wurde es immer kälter. Oft habe ich in Kirchen übernachtet. Das war zwar nicht immer angenehm, aber da fühlte ich mich wenigstens sicher. Manchmal, wenn ich keine fand, die abends noch offen war, habe ich auch unter Brücken geschlafen. Immer die Reisetasche unter dem Kopf, darin das Kreuz und die Pistole. Aber der Herbst kam. Die Nächte wurden empfindlich kalt. Schneeregen. Irgendwann habe ich mir eine dicke Unterleibsentzündung geholt. Ich bin ganz früh aufgewacht vor Schmerzen. Ich bin nur noch durch die Gegend gekrochen. Die Schmerzen waren sogar schlimmer als meine Angst. Es regnete. Es regnete in Strömen. Der Himmel weinte. Über mich. Ich konnte nicht weinen. Ich war triefnaß. Ich ging in eine Apotheke. Ich wollte Schmerzmittel haben. Der Apotheker ließ mich einen Moment setzen und bot mir einen Kaffee an. Dann rief er die Polizei. Ich muß ausgesehen haben wie eine Drogenleiche.

Ich wurde zur »hilflosen Person« gemacht. So nannten das die Polizisten. Mir war alles egal. Nur noch egal. Die Polizisten durchsuchten meine Tasche, offenbar um Drogen zu finden. Was sie fanden, waren ein paar Lumpen, das Kreuz und die Pistole. Sie beratschlagten, ob sie mich in den Knast oder ins Krankenhaus bringen sollten. Der Apotheker wäre ihnen fast an den Hals gesprungen: »Sie sehen doch, daß das Mädchen Hilfe braucht. Ganz schnell ins Krankenhaus.« Mit Blaulicht haben sie mich in die Städtischen Kliniken Aachen gebracht. In der Aufnahme haben sie mir alles abgenommen. Ich kriegte ein OP-Hemdchen verpaßt. Ich wurde untersucht. Der Befund war wohl eindeutig. Sie spritzten mir sofort Antibiotika, ein Schmerz- und ein Schlafmittel.

Ich kam ins Krankenzimmer, und es wurde dunkel.

Am frühen Abend bin ich aufgewacht. Keine Schmerzen mehr. Ich sah mich um. Ich lag in einem Dreibettzimmer, doch die beiden anderen Betten waren leer. Ein einziger kitschiger Kalender auf den weißen Wänden. Und Plastikblumen. Am Fenster. Ganz wie zu Hause. Und kein Kreuz an der Wand.

Ich suchte nach meiner Reisetasche. Ich stand auf und durchsuchte die drei Schränke. Und die drei Nachttischchen. Die Reisetasche war nicht da. Mein Kreuz auch nicht. Ich kriegte Angst. Ich traute mich nicht aus dem Zimmer und drückte auf den Klingelknopf. Die Angst kroch unaufhaltsam in mir hoch. Im Bett war es warm, aber das Zimmer war so kalt.

Kalt wie bei uns zu Hause.

Es dauerte eine Ewigkeit, bis endlich jemand kam. Es war schon die Nachtschwester. Ich fragte sie, ob sie wisse, wo meine Tasche sei. Sie hatte keine Ahnung. Ich stammelte: »Aber ich brauche doch das Kreuz. Ich brauche doch das Kreuz.«

Sie fragte mich: »Was denn für ein Kreuz?«

Ich stammelte: »Mein Kreuz, mein katholisches Kreuz. Es war doch in der Tasche.«

Die Frau glotzte mich merkwürdig an. »Ich kann ja mal nachsehen, ob auf dem Schwesternzimmer eine Tasche steht.« Sie ließ mich allein. Es dauerte und dauerte. Die Angst hockte mir inzwischen beklemmend auf der Brust. Ich traute mich immer weniger aus dem Zimmer, um selber nachzusehen. Ich drückte wieder die Klingel. Nichts. Ich drückte nochmal die Klingel. Immer noch nichts. Dann habe ich Sturm geschellt.

Da kam sie endlich. Sie war ziemlich verärgert: »Es gibt hier auch noch andere Patienten«, fuhr sie mich an.

Ich fragte: »Was ist denn mit der Tasche?«

»Was denn für eine Tasche?«

»Wo mein Kreuz drin ist«, bebte ich.

»Ach so, die ist einfach nicht zu finden. Am besten legen Sie sich jetzt hin und schlafen. Morgen früh kommt die Visite, da können Sie alles dem Doktor erzählen.«

Ich liege wieder im Bett und schwitze. Ich fühle mich so nackt, so schutzlos ohne das Kreuz. Quälend fällt mir alles wieder ein, was ich längst vergessen glaube. Ob ER Seine Chance jetzt nutzt? Ich versuche, nicht an IHN zu denken. Ich weiß ja, daß ich IHN damit rufe. Es geht aber nicht. Ich sehe mich im Zimmer um. Die Plastikblumen. Ich versuche, an die Plastikblume zu denken. Mama fällt mir wieder ein. Diese Kälte zu Hause. Und die Nächte, in denen ich genauso geschwitzt habe wie jetzt. Nein, ich will nicht daran denken! Aber ich muß. Ich muß. Muß. Ich denke an Krischan, wie er geblutet hat. An Benno, wie er mich geschlagen hat. Immer in den Bauch. Der jetzt entzündet ist und so entsetzlich weh tut.

Ich schwitze, ich schwitze noch mehr. Dr. Harmeling fällt mir wieder ein. Dieses Schwein. Wie er mir weh getan hatte. Ich stelle mir vor, wieder die Domina zu sein, wie das wäre, mich an ihm rächen zu können. In Gedanken schlage ich ihn blutig. Ich peitsche ihn, ich schlage drauf, weg, weg mit der Angst. Aber nein, ich will nicht mehr hassen. Ich kann nicht mehr hassen. Ich will nicht mehr wie eine Satanistin denken. Aber es fällt mir schwer ohne das Kreuz, in einem Zimmer, das mich so sehr an zu Hause erinnert. Ich höre Geräusche auf dem Flur. Ist das jetzt ER? Kommt ER mich jetzt holen? Ich ziehe die Decke über den Kopf und versuche zu beten:

Vaterunser, der du bist im Himmel, geheiligt werde DEIN NAME ..

Es hilft nichts. Dieser Gott kommt nicht, um mir zu helfen. Und draußen auf dem Flur? Ich will nachsehen, aber ich kann nicht. Wie versteinert liege ich im Bett, ich kann nicht aufstehen, wie damals bei der Beschwörung mit Krischan. Die Kraft SATANS ist also in mir, er ist also anwesend. ER ist da. Jetzt holt er mich.

Ich schreie und schreie und schreie.

Diesmal kommt die Nachtschwester etwas schneller. Ich schreie sie an: »SATAN will mich holen.«

»Wie bitte? Wer kommt?« Sie glotzt mich an wie ein Fisch. Diese kalten Augen. Ich schreie sie weiter an:

»SATAN! Satan kommt mich holen. Ich will in eine Kirche! Ich will in eine Kirche! Ich will mein Kreuz! Ich will es endlich wiederhaben! .. Ich will nicht!«

Ich breche zusammen und wimmere nur noch: »Ich kann nicht mehr.«

Die Nachtschwester dreht sich auf dem Absatz um, macht die Tür hinter sich zu und schließt sie ab.

Panik, nur noch helle Panik! Sie hat mich eingeschlossen! Wie Benno mich eingeschlossen hat!

Ich will aber nicht mehr eingesperrt sein. Ich will nicht mehr gefangen sein!

Gleich kommt ER! Oder Benno! Und dann werde ich wieder geschlagen! Immer in den Bauch. Immer in den Bauch! Ich will nicht mehr so geschlagen werden! Warum schlagen denn alle immer so auf mich ein .. Die Angst macht mich schier wahnsinnig. Ich versuche, einen Schrank vor die Tür zu schieben. Es geht nicht. Es geht nicht. Es geht gar nichts mehr.

Ich ducke mich in die hinterste Ecke des Zimmers und warte nur noch zitternd darauf, daß ER mich jetzt holt. Gleich kommt ER und holt mich, er nimmt mich mit und wird ...

Angst.

Angst.

Angst.

Noch in der Nacht hat man mich in die Psychiatrie gebracht.

Ich werde wach, und die Sonne scheint hell ins Zimmer.

Herbstsonne.

Die Sonne, wie schön ...

Ich versuche, mich zu erinnern, nein, ich will es nicht. Ich will nur noch an die Sonne denken. Sie scheint so hell ins Zimmer, und sie ist so schön.

Und so schön warm.

Das Zimmer war hell und freundlich. Mit richtigen Blumen. Und die Wände waren in lindgrün gestrichen, irgendwie beruhigend. Zwei weitere Betten standen noch da, doch sie waren leer. Aber benutzt. Ich war also nicht allein. Es waren noch zwei andere Frauen mit mir in diesem Zimmer. Ich hatte einen Pyjama an, woher, das war mir egal. Ich stand auf, ging zur Tür, und sie war nicht abgeschlossen. Ich fühlte mich am ganzen Körper zerschlagen wie nach einer großen Anstrengung. Und ich hatte Hunger, richtigen Hunger. Ich ging auf den Flur und kam am Gemeinschaftsraum vorbei. Ich wurde entdeckt.

Die Pfleger waren freundlich zu mir. Ich bekam ein reichliches Frühstück und ein paar Anziehsachen. Da fühlte ich mich schon deutlich besser.

Dann das erste Gespräch mit Dr. Dr. Schneider, einem Psychiater, dem Leiter der Abteilung. Ich erzählte ihm von meiner Angst vor SATAN. Er war der erste »normale« Mensch, außer den Satanisten, der mich nicht einfach verständnislos anglotzte oder mich auslachte. An den gezielten Fragen, die er mir stellte, merkte ich, daß er mich ernst nahm, und ich fühlte mich bei ihm gut aufgehoben. Bei ihm hatte ich das Gefühl: Der kriegt die Sache in den Griff. Endlich mal jemand, der meine Angst ernst nahm.

Es kam aber anders, als ich gehofft hatte.

Immerhin hatte das Gespräch zur Folge, daß ich mein Kreuz zurückbekam. Und meine anderen persönlichen Sachen. Sie lagen noch bei der Polizei, und es dauerte eine Woche.

Was nicht so lange dauerte, war der Beginn der »Behandlung«. Sie begann sofort nach meinem Gespräch mit Dr. Dr. Schneider.

Ich wurde »ruhiggestellt«.

Ich bekam Haldol, Troxal, Impromen, Aquiviton, Psyton. Manchmal bekam ich auch Psyton, Aquiviton, Impromen, Troxal und Haldol. Aber sie ließen sich dort wirklich was einfallen. Manchmal nämlich bekam ich auch: Impromen, Haldol, Psyton, Troxal und Aquiviton.

Variationen eines Themas: die chemische Keule gegen SATAN.

Den Dr. Dr. Schneider habe ich regelmäßig wiedergesehen. Etwa alle vierzehn Tage bei der Chefvisite. »Na, wie fühlen wir uns denn heute ...«

Auch die Stationsärzte haben mit mir gesprochen. Über alles mögliche. Nur nicht über meine Angst vor SATAN. Da gab es Gruppentherapien, und wir mußten oder durften aus unserem Leben erzählen, vorzugsweise aus der Kindheit. Bewegungstherapie, Beschäftigungstherapie, Gestalttherapie, Töpfern, Malen, die ganze Kreativität.

Ich fühlte mich wieder mal in Trance. Doch diesmal waren es die Medikamente.

Wirklich geredet hat keiner mit mir.

Da wollte ich nicht bleiben. Ich habe auf stur geschaltet. Als Folge wurden die Dosen der Medikamente erhöht. Noch mehr Trance. Bis hin zum Tran.

Sogar meine Eltern haben mich besucht. Ich hab ihnen gar nicht gefallen. Mama war sehr besorgt. Papa war immerhin etwas bedrückt, versuchte es aber zu verbergen. Mama versprach mir, für mich fest zum lieben Gott zu beten. Papa sagte eigentlich gar nichts. Mama beschwor mich, ich solle doch alles tun, damit ich bald nach Hause zurückkehren könne.

Heim ins Reich der Plastikblumen.

Die Satanisten hatten mich mit Valium vollgepumpt und geschlagen, um meinen Willen zu brechen. In der Psychiatrie ging es etwas feiner zu. Man hatte es nicht nötig, mich zu schlagen.

Hier hatte man Zeit.

In den wenigen klaren Momenten überlegte ich mir, daß ich es vielleicht etwas schlauer anstelle müßte, da herauszukommen. Vielleicht ein bißchen weniger stur, ich konnte ja so tun, als ließe ich mich auf sie ein.

Meine Beteiligung an den verschiedenen Kreativitäten wurde reger. Ich wollte nich bleiben. Die Dosen wurden geringer. Ich tat so, als würde ich mit den Stationsärzten reden, tat so, als wäre ich jetzt einsichtig. Ich spielte ihnen vor, daß ich meinen Stolz nun überwunden hätte und bereit sei, mich auf ihre Therapie einzulassen.

Ich wollte nur noch weg.

Die Therapie hatte Erfolg, denn ich wurde sechs Wochen später auf meinen eigenen ausdrücklichen Wunsch hin nach Hause zu meinen Eltern entlassen. Ich glaube, daß ich das als Wunsch angab, war der eigentliche Grund für meine Entlassung.

Ein schöner Erfolg für die Anstalt.

13. KAPITEL

Zu Hause mußte ich erst mal feststellen, daß mein Zimmer renoviert worden war. Das war mir fast egal. Immerhin hatte Mama freundlichere Farben genommen. Und die Plastikblumen blieben verschwunden. Ich ging wieder in die Schule. Papa hatte mit dem Rektor gesprochen. Der war einverstanden, daß ich zumindest probieren sollte, das halbe Jahr, das ich verloren hatte, wieder aufzuholen.

Meine Angst vor SATAN war zwar nicht völlig verschwunden, aber seit dem Klinikaufenthalt doch merklich gedämpft. Und ich hatte noch mein Kreuz. Die Angst vor den Satanisten war größer. Aber ich war schließlich ein halbes Jahr lang weg gewesen, vielleicht hatten sie mich vergessen. Trotzdem ging ich nur auf Schleichwegen in die Schule. Und ich ließ mich sonst nirgendwo blicken. Papa und Mama bezahlten mir Nachhilfeunterricht, und ich paukte und paukte. Kontakte hatte ich in der Schule keine. Ich wollte auch keine. Ich paukte mich müde. Und ich hatte mein Kreuz.

Mama hatte mit den Zeugen Jehovas gebrochen und ging wieder in unsere katholische Gemeinde. Ich ging oft mit, in einer Kirche fühlte ich mich immer noch sicherer als sonstwo. Und ich habe viel gebetet.

Ich habe das Abitur mit Hängen und Würgen geschafft. Vielleicht hatte man auch Mitleid mit mir. Oder die Schule wollte mich ganz einfach nicht noch ein Jahr behalten. Egal. Ich hatte den Wisch.

Mama war glücklich.

Papa war nicht so zufrieden. Mein Notendurchschnitt von drei Komma null hätte doch besser ausfallen können, meinte er nur. Immerhin ließ er sich dazu hinreißen, mir nach Monaten zum ersten Mal wieder die Hand zu geben.

Tatsächlich, er hat mich berührt.

Was sollte ich nun bloß anfangen? Beruflich hatte ich nie weiter gedacht als bis zum Abitur.

Ich wäre gerne weit weggegangen, am liebsten ins Ausland. Australien – oder nach Amerika vielleicht? Unsinn, wer sollte das bezahlen.

Mit meinem schlechten Abitur kriegte man eigentlich nirgendwo einen Studienplatz. Ich wollte aber studieren. Vielleicht hätte ich Pädagogik studieren sollen? Ich erinnerte mich an die Nachbarskinder. Doch auch dafür war mein Abi nicht gut genug. Ich entschied mich für Jura. Das war etwas Genaues, das war fast so etwas wie eine exakte Wissenschaft. Und es ging vor allem nicht um Gefühle.

Ich wäre gern in eine andere Stadt gezogen, aber das ging nicht. Papa und Mama meinten, ich hätte ja bei ihnen mein Zimmer. Papa sah nicht ein, daß er mir woanders eins bezahlen sollte. Und Mama kochte sowieso.

Die Uni. Das Studium. Jura.

Es ließ sich ganz gut an: Erbrecht. Erbrecht ... Erbeinsetzung. Allgemeine Auslegungsregel, Einsetzung auf einen Bruchteil. Erhöhung der Bruchteile. Minderung der Bruchteile. Unbestimmte Erbteile ... unbestimmte Erbteile.

Dann ging es los mit Anrufen. Das Telefon klingelt, aber niemand ist dran. Oder es wurde nur ganz wenig gesprochen, nur: »Satan!« oder: »Wir kommen!« Ich habe eine Heidenangst gekriegt, aber da mußte ich durch. Ich hatte ja noch mein Kreuz. Das hing im Zimmer. Und um den Hals trug ich einen Rosenkranz. Trotzdem habe ich auf dem Weg zur Uni Haken geschlagen, bin mit der Straßenbahn in verschiedene Richtungen gefahren, mehrfach umgestiegen, all die Tricks aus dem Fernsehen. Dann kamen Briefe. Drohbriefe. »Du weißt ja, was SATAN mit dir macht ...«

Ich merkte, wie sehr ich noch an die Magie glaubte. Grübeleien peinigten mich, ich überlegte fieberhaft, ob die noch irgendwas Persönliches von mir hatten, Haare oder Fingernägel, mit denen sie einen Zauber hätten ausüben können. Ich war mir ziemlich sicher, daß da nichts mehr war, aber auszuschließen war es nicht. Gab es da nicht irgendwelche Fotos?

Ich hatte wieder Regelschmerzen.

Ich beschloß, mich in der KSG, der Katholischen Studentengemeinde, zu engagieren. Sie hatten eine Veranstaltung zum Thema »Satanismus« angekündigt. Mit etwas wackligen Beinen bin ich hin, hineingegangen bin ich aber nicht. Ich hab mich nicht getraut. Ich kleidete mich damals immer noch recht dunkel, und ich hatte plötzlich Angst, dort von irgendwem als ehemalige Satanistin erkannt zu werden.

Nach der Veranstaltung habe ich mich zu den Teilnehmern des Informationsabends in die Teestube gesetzt. Da liefen heftige Diskussionen über das Thema. Alles nur Blödsinn. Von denen hatte wirklich keiner eine Ahnung. Auf die Veranstaltung hätte ich ruhig gehen können. Ich wurde angesprochen. Wer ich denn sei und was ich denn so mache. Ich erzählte, daß ich Jura angefangen hätte und an der Veranstaltung interessiert gewesen wäre, mich aber nicht getraut hätte hineinzugehen.

Hoho, großes Gelächter!

Beinahe wäre ich wieder gegangen. Doch dann wurde ich wütend. Ich erzählte diesen katholischen Studenten, daß ich in so einem Kult gewesen sei. Und da gäbe es nichts drüber zu lachen.

Das hat gewirkt.

Nun wollten sie plötzlich alles wissen.

»Erzähl doch mal, wie läuft das denn da so ab, stimmt das auch, das mit diesen schwarzen Messen?«

Plötzlich fühlte ich mich in die Enge getrieben. Ich versuchte es ganz vorsichtig: »Ja ... das ist schon ziemlich lange her, da habe ich einen getroffen, der hatte plötzlich Blut an der Hand ...«

Das hat aber niemanden interessiert. Sie wollten alle nur

wissen, wie das abliefe auf den schwarzen Messen. Ob das denn stimme, daß das eigentlich Orgien seien, so mit Sex und Drogen ...

»Wie?« frage ich.

Das habe der Referent ihnen vorhin erzählt, aber mehr so theoretisch. Und das Wesen des Satanismus bestünde aus Perversitäten, und weiter steckte auch nichts dahinter. Reine Befriedigung perverser Bedürfnisse.

Aha. Ich gab ihnen recht und habe nicht weiter mit ihnen darüber gesprochen.

Die Leute da waren aber eigentlich sehr nett. Sie haben mir Tee angeboten und ein Stück Kuchen, und sie schienen alle ziemlich fröhliche Menschen zu sein. Ich überlegte mir, ob nicht die KSG für mich ein Weg sein könnte, aus meinen Ängsten herauszukommen. Schließlich gab es in der KSG viele Theologiestudenten und Priesteramtskandidaten. Ich konnte endlich Fachleute zum Thema Religion befragen und etwas über den Glauben erfahren.

Ich hatte das Pech, gleich an Charismatiker zu geraten. Sie meinten, wenn ich okkulte Erfahrungen hätte, dann sei ich noch okkult behaftet. Ich müsse mich unbedingt freibeten, und sie nahmen mich in ihren Gebetskreis auf. Außerdem engagierte ich mich in einem Kreis für Altenpflege.

Ich tat genau das Gegenteil von dem was ich im Kult gemacht hatte.

Das mit meiner Tätigkeit im Kult hatte sich in der KSG herumgesprochen.

Eine Frau, sie studierte Deutsch, Biologie und Religion fürs Lehramt, sprach mich daraufhin an. Gitta. Wir kamen ins Gespräch. Gleichgesinnte finden sich immer schnell. Sie tastete sich langsam an meine Dominazeit heran und erzählte, daß auch sie ihre Erfahrungen hätte. Es stellte sich heraus, daß sie ein Doppelleben führte.

Einerseits war sie »anständige« Studentin, andererseits ging sie dreimal in der Woche für vier Stunden in ein Domina-Studio und verprügelte dort die Spitzen der noch anständigen Gesellschaft. Ich mußte es mir selbst gegenüber zugeben, es kitzelte mich wieder.

Wir blieben in Kontakt.

Gitta interessierte mich. Wir trafen uns öfter und unternahmen allerlei gemeinsam. Sie brachte mich in eine Welt, die ich so noch gar nicht kannte. Einmal nahm sie mich mit in einen Esoterikladen. Das gab es doch gar nicht! Das ganze Geheime Wissen wie im Ausverkauf, Schwarze und Weiße Magie wie auf Wühltischen. Und gar nicht so teuer. Unzählige Sorten von Tarot-Karten, Pendel, Glaskugeln, Wünschelruten, kleine Pyramiden, Runensteine und geheime Bücher en gros. Aleister Crowley war ein ganzes Regal gewidmet. Sogar schon ins Deutsche übersetzt. Ich war fassungslos. Und irgendwie ein bißchen wütend auf Gitta. Warum eigentlich? Merkwürdig. Sie interessierte sich auch für Magie, und sie war auch eine Domina.

Wie ich. Nein – das war ja jetzt vorbei.

Die Briefe von den Satanisten kamen seltener. Auch die Anrufe wurden weniger. Sie machten mir nicht mehr soviel angst. Langsam begann ich, sie nicht mehr ernstzunehmen. Vielleicht wollte ich sie auch nicht mehr ernst nehmen. Ab und zu sah ich noch einen von ihnen in der City, dann versteckte ich mich schnell. Ich versuchte, ihnen aus dem Weg zu gehen.

Ich habe mich in den christlichen Glauben ziemlich hineingesteigert. Der Gebetskreis der Charismatiker blieb nicht ohne Folgen für mich. Ich kriegte neue Ängste, diesmal vor Gott. Vor Gottes Strafe. Vor Gottes Macht. Und Gottes Herrlichkeit. Ich fand es alles viel herrlicher und strahlender und größer. Mein Gott! Noch mächtiger! Noch größer! Noch strahlender! Noch intensiver. Die Panik davor war groß.

Gleichzeitig war die Angst vor SATAN keineswegs verschwunden.

Merkwürdig. Ich habe aus meiner Angst vor SATAN versucht, IHM zu Willen zu sein, mich sozusagen mit ihm verbündet. Die Charismatiker versuchten, IHN niederzubeten.

Welche Macht nun stärker war, die Macht Gottes oder die Macht SATAN, das mußte ich einfach herausfinden.

Ich begann, den Studenten aus der KSG angst zu machen, besonders denen, die sehr religiös waren. Es war doch sehr spannend zu beobachten, was sie gegen ihre Angst machen würden. Ich erzählte ihnen Horrorgeschichten aus meiner Vergangenheit, ganz ähnlich, wie ich sie der Meute damals erzählt hatte. Ich habe sie ordentlich ausgeschmückt, um meiner Macht noch ein bißchen Nachdruck zu verleihen: »Ich spüre es schon, wie er hier ums Haus schleicht.« Sie kriegten einen furchtbaren Schreck, fielen auf die Knie und fingen auf der Stelle an zu beten. Und wie.

Und sie merkten, daß sie sich besonders um mich kümmern mußten. Das taten sie. Sie nahmen mich mit in die heilige Messe. Es war eine Katastrophe. Mir ist furchtbar schlecht geworden. Als sie dann auch noch anfingen zu singen, bin ich beinahe rausgelaufen. All diese Rituale und heiligen Handlungen! Meine Vergangenheit war plötzlich wieder Gegenwart. Ich konnte kaum einen Unterschied zwischen dieser und der schwarzen Messe finden. Wo war der eigentlich? Symbolisch ist doch alles dasselbe.

Da habe ich gemerkt, daß ich ein derartiges Christentum einfach nicht leben kann. Dieses ganze Friede, Freude, Eierkuchen – was sind wir alle gut.

Trotz meiner Aktivitäten im Gebets- und Altenkreis, trotz meiner wirklich ernst gemeinten Bemühungen, auch einfach nur gut zu sein, war in mir der innere sadistische Schweinehund geblieben.

Ich rief Gitta an. Ich wolle wenigstens mal wieder zusehen. Das war kein Problem.

Es hat mir einfach wieder Spaß gemacht, diese honorigen Spießer leiden zu sehen und winseln zu hören.

Anschließend ging es mir gar nicht gut. Meine neue christliche Umwelt färbte doch ab. Was hatten die Charismatiker mir nicht alles erzählt von Besessenheit. Ich habe schreckliche Angst gekriegt, daß ich wieder aus dem so mühselig neu begonnenen Leben ausbrechen muß oder besessen werde. Da habe ich versucht, mit dem katholischen Studentenpfarrer zu reden. Ich erzählte ihm von meinen Gelüsten. Der war aber so geschockt, daß er damit überhaupt nicht umgehen konnte. Es hat ihn einfach nur fertiggemacht, wie schlecht der Mensch sein konnte. Ich habe auch herausbekommen warum. Er hatte nämlich selbst Probleme mit Frauen. Er hatte unter den Studentinnen eine Freundin, und keine platonische. Irgendwie fand ich das gut, das hat mir doch gezeigt, daß es etwas ganz Normales war, wenn man menschliche Probleme hatte. Ich habe ihn dafür in Ruhe gelassen und mich nicht wieder an ihn gewendet.

Dann wurde Gitta schwanger, und sie hatte Schwierigkeiten, weiter im Studio zu arbeiten. Eine schwangere Domina, das paßte nicht in die Welt der perversen Schweine. Sie fragte mich, ob ich nicht ihren Job übernehmen könnte. Ich konnte einfach nicht widerstehen und sagte zu. Ich lebte nun wieder ein Doppelleben. Ich lebte nun genauso ein Doppelleben wie Gitta. Das fromme Leben bei den Charismatikern mit Gebets- und Altenkreis wechselte sich ab mit dem Züchtigen der anständigen Gesellschaft, die sich das sogar was kosten ließ.

Irgendwie war ich kein Stückchen weiter. Früher spielte der 1. FC Hölle gegen Schule 04, jetzt Borussia Charisma gegen Union Domina. Immer draufhauen. Irgend etwas konnte doch da nicht stimmen.

In der KSG bin ich auch einmal zum politisch-theologischen Arbeitskreis gegangen. Ich hatte gehört, die Leute sollten etwas realistischer sein. Sie waren das Gegenteil von den Charismatikern, aber genauso christlich. Für sie mußte sich Theologie unbedingt in konkrete politische Arbeit umsetzen. Darüber gab es lange und heftige Diskussionen. Einen von den Politisch-Theologischen fand ich sofort interessant. Der sprach nämlich von Astrologie. Er war fertiger Soziologe, Staatsexamen mit eins, und nahm mich mit zu sich nach Hause.

Da erklärte er mir begeistert sein System: Er sei überzeugter Sozialist, denn er sei die Wiedergeburt Satans, gleichzeitig aber auch die Reinkarnation Jesu Christi, und er freue sich unbändig auf das Jüngste Gericht, wo er der Menschheit dann sagen könnte, er hätte sich damals schon geirrt. Er versuche nun, mit seinem Computer ein System zu entwickeln, mit der er das Kosmossystem elektronisch durchdringen könne. Damit könnte er in die menschliche Geschichte eingreifen und so zu Gott werden.

Er war sich seiner Sache ziemlich sicher, denn er hat nicht viel an seinem System gearbeitet. Er hat viel lieber gekifft.

Gitta und ich waren einmal zusammen auf einem dieser ausgelassenen Feste in der KSG-Bar, im Keller unter der Teestube. Gitta war bereits im sechsten Monat, man konnte es deutlich sehen. Auf diesem Fest war ein gutaussehender junger Mann, den Gitta, ungeachtet ihres Zustandes, den ganzen Abend über anzumachen versuchte.

Wolfgang.

Er war unglaublich prüde. Oder war es vielleicht nur der sechste Monat? Er kriegte knallrote Ohren, als Gitta sich ihm mit ihrem dicken Bauch einfach auf den Schoß setzte und ihm die Haare kraulte. Anfangs habe ich mich darüber nur amüsiert, aber irgendwo hat er mich auch gereizt. Als Gitta und ich später rausgingen, kam Wolfgang noch hinterher und hat mich in den Arm genommen. Er war Theologiestudent und Priesteramtskandidat. Da hat er mich natürlich noch mehr gereizt.

Woanders gab es noch eine Fete, und ich überredete Wolfgang mitzukommen. Das ging ganz leicht. In dieser Nacht haben wir viel miteinander geredet. Wolfgang war ein sehr depressiver Mensch, und ich beschloß, meine Macht an ihm auszuprobieren. Ich bat ihn, mich doch nicht allein zu lassen, ich litte unter großer Angst. Er nahm mich sofort mit zu sich nach Hause, ins Priesteramtskandidatenwohnheim. Dort habe ich versucht, ihn nach Strich und Faden zu verführen. Was mir auch gelang. Allerdings stellte sich das als nicht ganz so einfach heraus. Er hatte gewaltige Schwierigkeiten mit seiner Sexualität. Als es endlich soweit war, fielen ihm alle seine moralischen Skrupel ein, und er konnte nicht mehr. Er benötigte mehrere Versuche, bis es schließlich klappte. Anschließend geriet er in Panik. Schließlich wollte er katholischer Priester werden. Er war völlig fertig. Er hielt mir einen langen Vortrag, der aus dem Vorwurf bestand, ich hätte schwere Schuld auf mich geladen.

Normale Leute kommen sowieso nicht in die Katholische Studentengemeinde.

In der Teestube: »Leute, ihr habt überhaupt keine Ahnung, wie man Tee kocht. Das muß man mit Gefühl machen. Aber wer kann schon von einer Frau verlangen, daß sie wirklich Gefühl für eine Sache hat. Wenn man Frauen nicht genau erklärt, was sie zu tun haben, sind sie total aufgeschmissen.«

Ich fand es absolut witzig, wie sich die Frauen von Jürgen provozieren ließen. Jürgen war in dieser Beziehung Meister. Über kurz oder lang brachte er jede auf die Palme. Was noch witziger war, trotzdem oder vielleicht deswegen sind die Frauen auf ihn abgefahren. Insgeheim scheinen sie doch alle auf Machos zu stehen. Syrke gab es sogar einmal zu, als sie mit Jürgen in der Teestube war. Trotzdem sagte sie zu ihm, er habe diese Tour gar nicht nötig. Seine Qualitäten lägen ganz woanders. Und machte ihm schöne Augen.

Dann gab es noch Andreas, der die ganze Zeit versuchte, sich mit Jürgen in Wortgefechten zu messen. Ihre Art von Freundschaft. Manchmal wurde es dabei richtig heftig, sogar beleidigend, aber sie nahmen es sich nicht übel.

»Jürgen, wie wäre es, wenn du uns von deinen ungeheuren Fähigkeiten eine Kostprobe gibst und neuen Tee kochst? Er ist nämlich alle.«

»Also gut. Ich werde mich noch einmal dazu herablassen. Die Frauen sollten mich aber in die Küche begleiten, damit sie lernen können. Das ist eine einmalige Gelegenheit. Oft biete ich das nicht an.«

Jürgen war sehr dünn. Seit zwei Jahren lebte er erst in Westdeutschland. Die DDR-Zeit muß einiges bei ihm hinterlassen haben. Er redete nicht viel darüber, und seine vorwitzige Art wich einem nervösen Herumdrucksen, wenn das Thema seiner Auswanderung angesprochen wurde.

Normale Leute kamen offensichtlich nicht in die Katholische Studentengemeinde. Irgendwo hatten sie alle einen psychischen Knacks.

Ich treffe Wolfgang wieder. Es ist schwierig mit ihm. Irgendwie ist er die Inkarnation der Passivität. Er redet nur abgedroschene Theologenscheiße, wenn er überhaupt mal den Mund aufkriegt. Manchmal leidet er auch zur Abwechslung unter der Unvollkommenheit des Menschen, unter der Sinnlosigkeit seines Seins und besonders unter dem Dogma, daß Selbstmord Sünde ist.

Diesem Kerl dürfte man überhaupt nicht auf Menschen loslassen, nicht einmal auf normale und gesunde, und so einer soll in die Seelsorge. Wenn wir uns treffen, ist es immer wieder dasselbe. Er reizt mich bis zum Exzeß, dann kostet er es aus, wie lange er mir noch widerstehen kann, schließlich wird er doch schwach, und dann höre ich wieder den Vortrag.

Studiert habe ich fast gar nicht mehr.

Die Wände und die Vorhänge vor den Fenstern sind schwarz. Die Lampe strahlt rotes Licht. Links steht ein mannshohes Andreaskreuz, an dessen Ende sich eiserne Ringe befinden. Auf der rechten Seite des Zimmers stehen ein Stuhl und eine alte Schulbank. Darüber hängen lederne

Stiefel mit hohem Absatz, ein Gummi-Korsett, eine sieben-
schwänzige Katze, ein Paddel aus Leder mit spitzen Nieten,
Rohrstöcke, Lederbänder, Ketten, Gummipeitschen, Le-
derpenisse, Gummipenisse und vieles mehr. Alles ist still.
Keine Schreie oder winselnde Keucher, noch ist es still. Die
Eisenstange am Flaschenzug vor mir pendelt leicht. Heute
war noch niemand da, obwohl das Telefon schon oft klingelte. Gestern wurde seit langem der Pranger wieder benutzt.

Manchmal möchte ich die Kunden lieber in einem soliden
Wohnzimmer aufhängen. Der Flaschenzug hat aufgehört zu
pendeln. Es klingelt, jetzt höre ich Stimmen, gleich geht es
los.

Ich kam mit dem Doppelleben nicht mehr zurecht. Die
anstrengende Beziehung zu Wolfgang, diesem total depres-
siven Menschen, begann mich völlig runterzuziehen. Er tat
mir leid.

Und dann passierte mir etwas im Domina-Studio: Ich habe einen Kunden mit dem Lederpaddel geschlagen. Er win-
selte und stöhnte. Plötzlich gab es in mir eine Gefühlswen-
de. Ich riß ihn hoch, drückte ihm das Paddel in die Hand und
schrie ihn an: »Schlag mich!« Er war ziemlich verdutzt. Er
guckte mich ungläubig an. Ich schrie ihn an: »Schlag mich.
Ich will, daß du mich schlägst!« Zögern begann er. Ich schrie
nur noch: »Fester, fester!«

Er hat mich grün und blau geschlagen.

Ich bin zu Wolfgang gefahren, ins kirchliche Studentenwohnheim der Priesteramtskandidaten, und hab mir von
ihm meine Wunden verbinden lassen. Für mich stand fest,
das Domina-Studio wollte ich nie wieder betreten. Ich muß
wohl ausgesehen haben wie der leidende Christus, denn
Wolfgang hatte jetzt keine Schwierigkeiten, mit mir zu
schlafen. Was für ein Trost.

Ich fragte Wolfgang, ob er denn unbedingt Priester werden müsse. Er sah mich lange an. Traurig. Es sei nun mal sei-

ne Bestimmung, Priester zu werden, meinte er. Ich verstand ihn nicht. Ich sagte ihm, ich wolle ihn nicht verlieren. Auch er versicherte, wie sehr ich ihm wichtig sei.

Eines Tages fand er die Lösung: Er schlug mir vor, so lange auf ihn zu warten, bis er ein Amt habe, dann könne ich bei ihm die Haushälterin werden.

Das fand ich einfach widerlich, und ich bin von Wolfgang schwanger geworden.

Ich habe einen Traum. Alle Gläser fangen an zu vibrieren. Ich sitze in irgendeiner Kneipe, und alles fängt an zu vibrieren. Es ertönt ein Ton, als wenn man den tiefsten Ton auf einer Orgel anstößt und festhält. Ich werde wach, und es vibriert alles weiter in mir. Der Ton ist auch noch da. Ich höre diesen Ton in mir, und es vibriert alles.

Ich versuche zu beten, aber ich bin wie gelähmt, ich kann nicht einmal die Lippen bewegen, dieser tiefe Ton ist in mir, einfach in mir, und er lähmt alles. Und doch schaffe ich es zu beten, und als ich die letzte Zeile des Gebetes herausgepreßt habe, habe ich das Gefühl, als ginge etwas aus mir heraus, Es geht hinein in den Spiegel, der an der Wand hängt und in den ich täglich hineinschaue, der mich mir zeigt.

Ich sprang aus dem Bett und riß den Spiegel von der Wand. Ich legte ein besonderes Kreuz darauf und hielt Es so gefangen. Das Kreuz hatte ich von einem der Charismatiker erhalten. Ich rief einen von ihnen an und berichtete ihm, was mir passiert war. Für ihn war die Sache klar: Ein Exorzismus mußte her. Gitta kam schnell zu mir. Sie wollte sich ihre Ängste gleich mitaustreiben lassen. Wir sind zusammen zu einem ihm gut bekannten Pfarrer gegangen. Der legte mir die Hand auf und sprach die notwendigen Gebete. Gitta nörgelte: »Ich weiß nicht, aber wenn ich wieder allein zu Hause bin, braucht bloß ein Buch umzufallen, und ich krieg'n Herzinfarkt.« Rosenkranzwirbelnderweise antwortete der Pfarrer mit überwältigendem Pathos: »Keine Angst! Jesus ist selbst der Herr über die umfallenden

Bücher!« Er kam auch mit zu mir, verstreute geweihtes Salz, Weihwasser und sprach auch bei mir die Gebete.

Danach fühlte ich mich deutlich besser.

Als ich Wolfgang wiedertraf, erklärte ich ihm, daß er sich nun entscheiden müsse, denn ich sei von ihm schwanger. Wolfgang schaltete auf stur. Er meinte nur lakonisch, das mit dem Kind gehe nicht, er wolle schließlich Priester werden, und deswegen müsse ich das Kind abtreiben. Ansonsten würde er sich umbringen. Ich sagte ihm, daß ich das auf keinen Fall tun könne. Außerdem solle er sich mal klarmachen, was er da von mir verlange. Er sei immerhin katholischer Priesteramtskandidat.

Persönliche Aufzeichnungen vom 30. November.

Wolfgang zuckte nur mit den Schultern und sah mich traurig an. Ich habe Wolfgang nicht mehr wiedergesehen. Man fand ihn in seinem Zimmer, er hatte ein Überdosis Schlaftabletten genommen.

Vorhin, als ich zur Toilette wollte, hörte ich, wie jemand in der Nische aufschreckte. Ich traute mich nicht, hinzugehen. Ich kleidete mich schwarz und saß bei Kerzenlicht in meinem Zimmer. Allein. Ich bin ja gar nicht mehr allein. Da wächst etwas in mir drin. Ein Mensch. Ich bin produktiv. Und dann noch auf die intensivste Weise, die es überhaupt gibt. Und diesmal werde ich nicht weglaufen. Vieles wird sich ändern. Mein ganzes Leben erhält eine neue Dimension. Wie werde ich sein, als Mutter? Ich habe Angst, daß ich Einflüsse aus meiner satanistischen Zeit auf das Kind übertrage. Vielleicht bin ich doch noch mehr Hexe, als ich glaubte. Vielleicht hat Wolfgang mit seinen Vorwürfen recht. Vielleicht habe ich wirklich schwere Schuld auf mich geladen. Was bin ich für ein Mensch? Das neue Leben in mir, das mir Hoffnung macht, kann es mit dieser Schuld leben? Darf Hoffnung aus Schuld entstehen?

Bin ich überhaupt fähig, ein Kind zu erziehen?

Als Domina habe ich gelernt, wie Erwachsene erzogen werden wollten, und habe dabei meinen Sadismus ausleben können. Aber so kann ich doch nicht mit einem Kind umgehen!

Aber da muß ich durch ... allein.

Eigentlich müßte ich langsam gelernt haben, wie man allein lebt. Ich war doch immer allein. Nur habe ich mich stets durch Gesellschaft mit anderen darüber hinweggetäuscht.

Das Haus ist so leer. Nur ein Unbekannter sitzt im Flur, der sich an meiner Toilettenheizung wärmt oder auf mich wartet, um mich zu erschlagen. Vielleicht auch beides. Wenn ich doch lange Krallen und Vampirzähne hätte. Dann könnte ich den Spieß schnell umdrehen und ihn zu meinem Opfer machen. Sein Blut trinken. Nein! Ricarda, hör auf!

Warum traue ich mich nicht aufs Klo? Weil ich Angst habe, ich könnte ihn töten in meiner Laune? Weil ich Angst habe, zu sehen, daß es nur ein Kind aus der Nachbarschaft ist, das sich vor der Welt versteckt, wie ich früher? Oder habe ich Angst, zu sehen, daß da überhaupt niemand ist?

Ich muß versuchen, neu anzufangen. Wieder mal. Was habe ich gelernt, seit ich aus der Sekte geflohen bin? Ich habe gelernt, daß angehende katholische Priester in ihrer Moral mindestens ebenso verkrüppelt sind wie Satanisten. Oder genauer, in ihrem Menschsein. Wenn ich daran zurückdenke, wie Wolfgang mich ständig bis zum Exzeß sexuell reizte und sich dann aus »moralischen« Gründen weigerte, mit mir zu schlafen, um es dann letztendlich doch zu tun. Und dann jedesmal seine Vorwürfe, ich hätte ihn verführt. Oft habe ich ihm vorgeschlagen, wir könnten unsere Beziehung gern auf platonischer Ebene weiterführen. Aber das wollte er dann auch wieder nicht. War das Liebe? Anfangs glaubte ich es. Aber mittlerweile habe ich gemerkt, daß ich wohl außer Angst kein Gefühl empfinden kann. Am meisten Angst habe ich vor Menschen, die bei mir Gefühle wachrufen können. Vor Wolfgang hatte ich keine Angst.

Er aber vor mir.

Hätte ich schweigen sollen? Hat er meinen Wahnsinn nicht verkraftet? Ich hoffe, ich bin nicht schuld an seinem Schicksal. Was hat das für mich zu bedeuten? Soll ich lernen, den Mund zu halten? Immer wieder mache ich Lebenserfahrungen, die meine Ansichten bestätigen, mir gleichzeitig aber nahelegen, daß ich besser schweigen soll. Soll ich denn stumm bleiben wie ein Fisch?

Irgendwie waren wir uns ähnlich. Wolfgang hatte auch Angst vor Menschen, die ihn zu wirklichen Gefühlen bringen konnten. Deswegen wollte er Priester werden. Jetzt ist Wolfgang tot. Und in mir ist neues Leben. Wolfgangs Leben. Das ist mir von ihm geblieben. Leben. Was ist das überhaupt? Das Leben vor dem Tod. Mir ist zum Weinen. Aber ich kann nicht. Immer noch nicht.

Ich bin total verkrampft.

Draußen regnet es. Der Himmel weint für mich, weil ich es nicht kann. Danke. Was für ein fremdes Wort: Danke. Zu wem sag ich das jetzt?

Ja, ich bin irgendwie dankbar. Ich habe geglaubt, ich könnte niemals mehr ein Kind bekommen. Nach all den Mißhandlungen. Wenn ich daran denke, wie Benno mich fast täglich zusammengetreten hat. Immer in den Bauch. Immer in den Bauch. Und ich, vollgepumpt mit Drogen, konnte nicht einmal schreien, so schwach war ich.

Nein, ich will nicht hassen.

Und bei Wolfgang ... Ich dachte, so einer, der wird dir bestimmt nicht weh tun. Aber es sollte wohl nicht sein. Warum. Warum kann ich denn jetzt nicht weinen? Ich will so gerne weinen. Aber ich kann es nicht.

Was soll aus uns nur werden
uns droht so große Not
Vom Himmel auf die Erden
fall'n sich die Engel tot

Wolfgang. Bringt der Kerl sich einfach um. Vielleicht sollte ich das auch tun. Aber das ist unmöglich. Das ist mir jetzt verboten. Denn ich habe etwas in mir, das leben will. Ich habe nicht das Recht, dagegen einzugreifen. Wieder draufzuschlagen.

Und warum sollte ich mich umbringen? Jetzt, wo doch alles neu wird? Wolfgang habe ich verloren. Und ich erwarte ein Kind. Von ihm.

Ich darf es nicht wegmachen lassen!

Bald ist Winter. Es wird ein harter Winter. Ich muß meinen Eltern erst einmal klarmachen, daß ich nicht in der Lage bin zu studieren. Ich schaff es nicht. Tausend andere Sachen schwirren in meinem Kopf herum. Außerdem kann ich diese stupiden, entfremdenden, angeblich wissenschaftlichen Anforderungen nicht erfüllen. Alles in mir sträubt sich vor dieser Paragraphenwirtschaft, die eigenständiges Denken verstümmelt.

Und dann muß ich ihnen sagen, daß ich schwanger bin. Das wird für sie der Hammer. Sie werden auf Abteibung pochen. Das wird dann zum endgültigen Bruch führen. Es gibt nichts und niemanden, zu dem ich gehen könnte. Das ist hart, aber auch eine Chance. Vielleicht die Chance, erwachsen zu werden.

Ich sollte endlich aufhören, so krampfhaft nach Liebe zu suchen. Ich sollte mich endlich damit abfinden, daß die Menschen so sind, wie sie sind. Kalt. Wie Fische.

Aber kann ich das?

Ich will mich aber nicht damit abfinden!

Langsam verstehe ich, wovor ich wirklich Angst habe.

14. KAPITEL

Viele Gedanken gingen mir durch den Kopf. Was sollte ich bloß machen? Konnte ich meinen Eltern überhaupt sagen, daß ich ein Kind von einem Priesteramtskandidaten bekam, der sich umgebracht hatte? Und warum hatte Wolfgang Selbstmord begangen? War es nicht vielleicht doch meine Schuld? Aber wie konnte er von mir verlangen, nein, er durfte es nicht von mir verlangen, daß ich das neu erwachte Leben in mir einfach wieder herausreißen ließ. Ich konnte es einfach nicht. Nicht noch einmal. Nicht noch einmal! Warum mußte es so sein, daß das neue Leben in mir durch Wolfgangs Tod erkauft werden mußte. Hätte ich vielleicht doch besser seine Haushälterin werden sollen? Nein, Versteckspielen, lebenslänglich, das wollte ich nicht.

Dr. Harmeling fiel mir wieder ein. Wie weh er mir getan hatte. Was hatte ich es damals verflucht, daß ich überhaupt schwanger werden konnte. Was hatte ich verflucht, daß ich überhaupt eine Frau war! Es paßte nicht in mein Leben. Ein Kind zu bekommen und es zu haben, ich konnte es mir damals nicht vorstellen. Und jetzt? Es paßte immer noch nicht in mein Leben. Trotzdem. Ich hatte das Wort »guter Hoffnung zu sein« nie so recht verstanden. Ich hatte eigentlich nie so recht darüber nachgedacht. Jetzt verstand ich es. Das war endlich meine Chance, mein Leben grundlegend zu ändern, ein neues Leben anzufangen. Ohne Domina und Satan. Mit meinem Kind.

Aber wie sollte ich das Papa und Mama erklären? Wie konnte ich ihnen erklären, daß ich mein Jurastudium längst abgebrochen hatte, ach, daß ich es gar nicht richtig angefangen hatte. Und jetzt trotzdem guter Hoffnung, guten Mutes war. Ich würde es schon irgendwie schaffen.

Ich war nun im vierten Monat schwanger. Viel Zeit zu

überlegen hatte ich nicht mehr. Bald würde man es schon sehen können.

Immer hatte ich ihnen nur Kummer bereitet. Schon als kleines Kind. Nie konnte ich mit meinen Sorgen und Nöten zu ihnen kommen, immer ging ich ihnen damit nur auf die Nerven. Ich hatte immer schon den Verdacht, daß ich nie so recht erwünscht war.

Papa. Er war immer so unnahbar gewesen. Nichts konnte man ihm recht machen, immer hatte er irgendwas auszusetzen gehabt. Bis hin zu meinem Abitur. Ich war froh, es überhaupt geschafft zu haben, aber ihm war es nicht gut genug gewesen.

Bei Mama war das ja schon anders gewesen. Aber sie hatte sich auch immer nur Sorgen gemacht. Um mich, um Papa, um alles. Sie hatte sich nie richtig freuen können. Immer nur Sorgen. Und was würde sie sich erst für Sorgen machen, wenn ich jetzt ein Kind bekam. Daß ich es irgendwie schaffen würde, so etwas konnten ja beide nicht recht glauben. Weder Papa noch Mama.

Sie haben mir eigentlich nie was zugetraut. Oder sie konnten mir einfach nichts zutrauen. Warum eigentlich nicht?

Die Satanisten fielen mir ein. Merkwürdig. Krischan war der erste, der bei mir überhaupt Fähigkeiten entdeckt hatte. Wie ich mich darüber gefreut hatte, damals. Endlich mal jemand, der mir was zugetraut hatte. Benno. Und die anderen. Aber was war das für ein furchtbares Leben geworden. Die Zeit bei den Satanisten kam mir inzwischen vor wie ein Spuk, wie ein Alptraum. Fast taten sie mir nun leid. Aber zuviel hatten sie mir angetan.

Immer in den Bauch. Immer in den Bauch.

Wie schrecklich hatte geendet, wovon ich mir so viel erhofft hatte. Ich glaubte damals wirklich, endlich so etwas wie eine Gemeinschaft gefunden zu haben.

Aber ich hatte auch selbst ausgeteilt. Was hatte ich ande-

re Menschen gequält. Ausgepeitscht hatte ich sie und gequält. Aber die wollten das ja. Sogar Geld hatten sie dafür
bezahlt, und nicht wenig. Lust und Freude habe ich sogar dabei empfunden. Vielleicht deswegen.

Bis ich endlich den Spieß umgedreht und ich, die Domina, meinem Opfer befohlen hatte, endlich mich selbst zu
schlagen.

Grün und blau und blutig.

Was hatte ich mir selbst alles angetan.

Vorbei. Vorbei!
Weg!
Ich will das alles vergessen.
Nur noch vergessen.

Ein Buch hatte ich mir besorgt: »Ein Kind entsteht.« Bilder
aus dem Mutterleib. Ich konnte genau sehen, wie es jetzt
schon aussah. Jede Woche wurde es größer und größer, es
wächst. Es wächst in mir.

Ich bin wieder in die City gefahren, zu Karstadt in die
Kinderabteilung. Das war ein schwerer Weg. Aber da mußte ich einfach wieder hin. Es wuchs ja etwas in mir. Wie damals.

Aber diesmal würde ich nicht wieder zu einem Dr. Harmeling gehen. Er hatte mir geholfen damals. Ja, und wie er
mir geholfen hatte! Er war ein Vieh, und er hatte mir geholfen, selbst ein Vieh zu sein.

Ich ging zwischen den Wühltischen durch. Ein komisches
Gefühl. Endlich ein anderes Gefühl als immer nur Angst.
Die Strampler und Nuckelfläschchen hatten sich nicht mehr
gegen mich verschworen.

Ich bin nicht umgekippt wie damals. Wie teuer ein Kin-
derwagen war! Und alle anderen Sachen. Wir wurde mulmig. Aber diesmal aus einem anderen Grund als damals.
Vielleicht konnte ich ja auch einen gebrauchten Kinderwa-
gen nehmen. Ich würde es schon irgendwie schaffen.

Ich wußte gar nicht wieso, aber ich habe einen Dreierpack Windeln gekauft. So ein Unsinn, fünf Monate hatte ich ja noch Zeit. Aber ich habe sie gekauft. So als wollte ich mir selbst Mut machen und mir sagen: Das ist der Anfang, jetzt gehst du nicht mehr zurück.

Die Windeln. Ich habe sie heute noch.

Leichten Herzens verließ ich das Kaufhaus. Vor dem Haupteingang traf ich ihn.

Benno.

»Hallo, Ricky!« begrüßt er mich überschwenglich.

Und er schlägt sofort zu.

Ich taumle.

Wieder schlägt er zu. Ich falle hin. Und dann tritt er mich. Immer wieder. Er tritt mich wieder. Er tritt mich wieder in den Bauch. Er tritt mich in den Bauch!

Ich schreie. Ich will mein Kind beschützen und halte schützend meine Arme vor mein Baby.

Passanten bleiben stehen und glotzen. Wie die Fische. Plastiktüten in der Hand. Warum helfen sie mir nicht? Sie haben alle Hände voll. Mit Plastiktüten.

Benno reißt mich hoch. »Seht her!« schreit er, »seht alle her, wie ich sie liebe! Da! Ich liebe sie!«

Und er quetscht brutal seine Schnauze auf meinen Mund. Und er schlägt mir wieder ins Gesicht und läßt mich wieder fallen. Und er tritt mir wieder in den Bauch, in den Bauch, in den Bauch, immer wieder in meinen Bauch.

Dann ist er verschwunden.

Zehn Minuten später ist der Notarztwagen da. Sofort ins Krankenhaus.

In der Ambulanz wird mir eine Platzwunde mit zwei Stichen genäht. Das ganze Gesicht ist blutverschmiert, ich sehe alles nur noch durch einen Schleier von Blut. Und dann setzen die Schmerzen ein. Leibschmerzen. Unterleibsschmerzen. Oh Gott, nein! Mein Baby!

Zwei Stunden später hatte ich eine Fehlgeburt.

Lieber Gott im Himmel! Nimmt denn das Elend nie ein Ende? Immer wieder diese Schmerzen, diese unerträglichen Schmerzen! Was müssen sich die Menschen denn noch alles antun! Warum denn nur, warum, warum.

Mein Baby.

Ich blute wieder. Ich fühle, wie das Leben aus mir herausfließt.

Man gibt mir eine Spritze, und es wird dunkel.

Ich will nicht wieder wach werden. Ich will nicht wieder zurückkehren. Nicht in dieses Leben. Aber unerbittlich läßt die Narkose nach. Schemen huschen durch den Kopf. Schmerzen. Ich will nicht denken. Ich kann nicht denken. Es ist wieder so wie damals, wie in der ersten Nacht, als ich so furchtbar schwitzen mußte: Ich will nicht denken und deswegen die Augen aufmachen. Ich will etwas sehen, das mich ablenkt, und kann die Augen nicht aufmachen, weil ich nicht zurück will in diese Welt.

Trotzdem mache ich die Augen auf. Mama sitzt an meinem Bett. Mama. Ich mache die Augen wieder zu. Ich will sie nicht sehen. Immer dieser stumme Vorwurf: Kind, wie kannst du uns so was antun.

Ich weiß es doch selbst nicht.

Ich stelle mich schlafend. Das geht auch nicht. Ich drehe mich zur Wand. Da kann ich die Augen aufmachen und muß trotzdem niemanden sehen. Mama hat mir mein Kreuz mitgebracht. Es interessiert mich nicht.

Mein Bauch ist ganz taub. Ich fühle nichts mehr.

Ich darf nichts mehr fühlen.

Später habe ich erfahren, daß ich dem Tod nur knapp entronnen bin. Überaus starke Blutungen hatte ich gehabt. Eine Ausschabung sei unumgänglich gewesen. Eine Ausschabung. Als hätte man das letzte bißchen Hoffnung aus medizinischen Gründen aus mir herauskratzen müssen.

Es hat fast eine ganze Woche gedauert, bis ich meine Umwelt überhaupt wieder habe wahrnehmen können. Mechanisch nahm ich die Mahlzeiten zu mir. Frühstück. Mittagessen. Nachmittagskaffee. Abendbrot. Der Gang zur Toilette. Immer noch diese Bauchschmerzen. Ich wollte nicht mehr. Ich konnte nicht mehr. Nicht mehr leben. Wozu noch.

Doch ich lag nicht allein auf dem Zimmer. Eine Frau Sternemann lag hinter mir, am Fenster.

Ein Mann von der Polizei kam.

Ich habe nichts gesagt.

Frau Sternemann war es aufgefallen, daß ich fast keinen Besuch bekam. Außer Mama. Und die war immer so ernst. Sie fragte mich, was denn überhaupt passiert sei.

Ich habe nichts gesagt.

Sie ließ aber nicht locker. Dabei ging es ihr selbst nicht so gut. Mir fiel auf, daß sie täglich Besuch bekam. Und Blumen. Und Anteilnahme. Ihre Kinder besuchten sie, sie hatte drei erwachsene Söhne, eine Tochter und sechs Enkel. Und Freundinnen und Freunde. Und Bekannte. Alle wollten wissen, wie es ihr ging.

Einmal, als der Besuch endlich gegangen war, kam Frau Sternemann zu mir.

Ich konnte gar nicht mehr anders, ich fing langsam an zu erzählen. Stockend erst, mit viel Pausen, aber es ging.

Und sie hörte mir zu. Sie hörte mir einfach nur zu.

Sie wurde traurig, aber sie wurde nicht traurig über mich, sondern traurig über das, was mir passiert war. Und nicht einmal machte sie mir Vorwürfe. Sie hörte mir einfach nur zu und hatte Verständnis. Sie sagte nicht: »Das ist doch alles nur Quatsch!«, als ich ihr über meine Ängste und meine Angst vor dem Teufel berichtete. Sie sah mich mitfühlend an und meinte, ich solle doch weiter erzählen. Es müsse doch endlich einmal aus mir heraus. Ich konnte weinen. Sie nahm mich in den Arm und ich konnte endlich weinen. Wie ein kleines Kind konnte ich weinen. Sie nahm mich in den Arm wie ein kleines Kind. Ich brauchte keinen Himmel mehr, der für mich weinte. Endlich konnte ich selbst wieder weinen. Sie wandte sich nicht von mir ab, als ich ihr von der Domina-Ricarda erzählte. Sie wandte sich nicht ab, als ich ihr erzählte, daß ich hin- und hergerissen war, ob ich mein Kind opfern sollte oder nicht. Sie fand, ich hätte es damals richtig gemacht. Und ich sei doch schon bestraft genug. Bestraft. Nach diesem Wort wußte ich, daß sie katholisch war.

Auch als sie aus dem Krankenhaus entlassen wurde, hat sie mich weiter besucht. Täglich. Und sie traf sich auch mit Mama und sprach mit ihr. Ich verstand das anfangs gar nicht. Warum sie das alles getan hat. Erst viel später. Sie lud mich zu sich nach Hause ein. Sie machte mir Mut, schnell wieder gesund zu werden.

Das habe ich dann auch geschafft. Ich wohnte wieder bei meinen Eltern. Mama war ganz verändert. Wir konnten immer noch nicht miteinander sprechen, aber sie sah mich nicht mehr so vorwurfsvoll an.

Jetzt besuchte ich Frau Sternemann.

Soviel menschliche Wärme. Was hat sie sich gefreut, als ich wieder auf den Beinen war! Warum denn nur? Diese Frage stellte sich ihr gar nicht. Sie sah nur, daß ich wieder auf den Beinen war, und freute sich mit mir.

Sie lebte allein, ihre Kinder waren aus dem Haus, und ihr Mann war verstorben. Stunden um Stunden haben wir miteinander geredet. Sie hörte nicht mehr nur zu. Sie fragte mich auch. Aber nie bevormundend. Kinder aus der Nachbarschaft klingelten bei ihr, und sie schickte sie nicht weg. Sie gab ihnen Zeichenblock und Buntstifte, setzte sie an den Küchentisch und ließ sie malen. Und sie lobte sie. Egal was sie gemalt hatten. Und die Kinder schenkten ihr ihre Bilder, die Küche war voll davon. Und zwei der besonders schönen Bilder hingen bei ihr im Wohnzimmer. Ich ertappte mich dabei, wie ich nach Schwachpunkten in Frau Sternemanns Leben suchte. Nach Ungereimtheiten, die mein bisheriges Menschenbild wieder bestätigen sollten. Schließlich unterstellte ich ihr unterschwellig eine masochistische Aufopferungshaltung, um mich zu beruhigen.

Sie gab mir einen Gedichtband von Erich Fried: »Liebesgedichte«. Was sollte ich denn mit Liebesgedichten?

Ein Gedicht daraus ist mir besonders aufgefallen:

LOB DER VERZWEIFLUNG

Es ist ein verzweifeltes Tun
die Verzweiflung herunterzumachen
denn die Verzweiflung macht unser Leben zu dem was
   es ist
Sie denkt das aus
vor dem wir Ausflüchte suchen
Sie sieht dem ins Gesicht
vor dem wir die Augen verschließen

Keiner der weniger oberflächlich wäre als sie
Keiner der bessere Argumente hätte als sie
Keiner der in Erwägung all dessen
was sie und wir wissen
mehr Recht darauf hätte als sie
so zu sein wie sie ist

Früh am Morgen fühlt sie sich fast noch glücklich
Erst langsam erkennt sie sich selbst
Nach den ersten Worten die sie mit irgendwem wechselt
beginnt sie zu wissen sie ist nicht froh
sie ist noch immer sie selbst

Die Verzweiflung ist nicht frei von Launen und
   Schwächen
Ob ihr Witz eine Stärke oder eine Schwäche ist
weiß sie selbst nicht
Sie kann zornig sein
sie kann bissig und ungerecht sein
sie kann zu besorgt sein um ihre eigene Würde

Aber ohne den Mut zur Verzweiflung wäre vielleicht
noch weniger Würde zu finden
noch weniger Ehrlichkeit
noch weniger Stolz der Ohnmacht gegen die Macht
Es ist ungerecht die Verzweiflung zu verdammen
Ohne die Verzweiflung müßten wir alle verzweifeln

Wir haben viel über dieses Gedicht gesprochen. Ich fand,
Erich Fried hatte recht, aber ich fand auch, daß uns die Verzweiflung manchmal nicht nur die Dinge sehen läßt, wie sie
sind, sondern daß sie uns dummerweise die Dinge sehen
läßt, wie wir sie befürchten. Und schlimmer noch: Mich hatte sie sogar Dinge sehen lassen, die gar nicht da waren.

Frau Sternemann feierte ihren 68. Geburtstag. Ich war
wie selbstverständlich eingeladen. Ich konnte es mir aber
nicht nehmen lassen, ihr bei den Vorbereitungen zu helfen.
Ich, die Ricarda, die Hausarbeit nie gern gemacht hatte!
Und jetzt machte es mir Freude, Frau Sternemann dabei
helfen zu können, mit ihren Lieben Geburtstag zu feiern.
Was war das nur, was alles so veränderte?

Aber an diesem Geburtstag habe ich auch eine schreckliche Nachricht erfahren. Frau Sternemann war im Krankenhaus gewesen, um einen Verdacht ausräumen zu können.
Dieser Verdacht war aber bestätigt worden. Sie hatte Krebs.

Magenkrebs.

Frau Sternemann wußte, was mit ihr war. Und trotzdem
ließ sie den Mut nicht sinken. Sie meinte nur, seitdem sie von
ihrer Krankheit wisse, könne sie jeden Tag um so mehr als
ein Geschenk annehmen.

Sie brachte mich schier zur Verzweiflung mit ihrer Zu-
versicht.

Vor Satan habe ich keine große Angst mehr gehabt. Frau
Sternemann meinte, ich solle doch ruhig zu einem Psycho-
logen gehen und mit ihm über meine Ängste sprechen. Das
wäre doch nichts Unehrenhaftes. Man solle doch um Him-

mels willen seine Ängste ernst nehmen und nicht versuchen, vor ihnen wegzulaufen. Und daß MEIN SATAN doch bestimmt aus meiner Angst heraus entstanden sei, wie der von Benno und den anderen Satanisten auch.

Das konnte schon stimmen.

Mich bat sie, meinen Eltern nichts übelzunehmen. Es sei für viele Menschen nicht einfach, ihre Gefühle zu zeigen, und oft verberge sich hinter einer schroffen Art ein zartes Wesen. Und sie gab mir den Rat, meine Erfahrungen aus der Satanistenzeit nicht zu vergessen. Ich solle diese Erfahrungen annehmen und daraus lernen, wozu Haß und Gefühllosigkeit führen könnten. Und Verständnis zu haben für die Schwierigkeiten meiner Mitmenschen.

Frau Sternemann gab mir den menschlichen Rückhalt, daß ich anfangen konnte, über meine Erlebnisse nachzudenken. Ganz vertrauen konnte ich ihr jedoch nicht. Und es war ein sehr langer Prozeß, wieder zu lernen, auf andere Menschen zugehen zu können. Aber das Problem ist ja nicht außergewöhnlich.

Aus Angst, zurückgewiesen zu werden.

Ich habe ihren Rat befolgt und meine Erfahrungen als Satanistin nicht vergessen, sondern angenommen. Damals habe ich dieses Buch angefangen.

Und ich möchte lernen, Beziehungen mit Menschen einzugehen, die nicht mehr durch eine Täter-Opfer-Mentalität gezeichnet sind. Wie ich mit meiner sadistischen Ader fertig werden soll, weiß ich noch nicht. Ich werde sie wahrscheinlich irgendwie in mein Leben integrieren müssen.

Aber bis dahin ist es wohl noch ein weiter Weg.

Frau Sternemann ist zwar krank, so krank, daß sie daran sterben wird. Trotzdem empfand ich sie irgendwie gesünder als die Menschen, die mir bisher in meinem Leben begegnet waren. Sie hat den Krebs im Körper. Doch die anderen haben ihn in der Seele. Es kommt mir so vor, als wäre die ganze Menschheit von einem riesigen, ekligen Krebsgeschwür befallen, das uns auffrißt. Vielleicht ist der Krebs im Körper nur so etwas wie eine private Anpassung an das, was um uns herum passiert.

An dem einen Ende der Welt sitzen die verhungernden Negerkinder, für die Weihnachten oder je nach Bedarf Almosen gesammelt werden, und am anderen Ende sitzen die Politiker und Unternehmer in den Domina-Studios und kaufen sich die Strafe für den Wahnsinn, den sie anrichten. Sie haben ja das Geld dafür. Geld. Das ist bei denen kein Problem.

Krank.

Einfach krank.

Und wir machen alle mit.

Ob die Menschen wissen, wie krank sie sind? Weiß ich, wie krank ich eigentlich bin? Und wer hat wen angesteckt?

Spielt das überhaupt noch eine Rolle?

Wo ich auch hinsehe, überall Krankheit. Krebs. Und er wuchert. Ich habe so ein Gefühl von Mitleid für die ganze Welt. Mitleid. Das war damals meine Waffe gegen den Satan. Gegen die Angst. Was ist eigentlich nun mit meiner Angst? Der Satan ist es nicht. Satan, dieses Wort ist plötzlich leer für mich geworden. Erinnerungen, mehr nicht.

Hoffentlich.

Was ist eigentlich Angst? Warum habe ich immer noch Angst? Habe ich jetzt Angst vor der Welt?

Da sind so viele neue Fragen, die mich jetzt beschäftigen. Was empfindet eigentlich Frau Sternemann für mich? Ist das auch Mitleid? Nein. Sie hat doch keine Angst vor mir.

Mama hatte öfters gesagt, daß ich ihr leid täte. Sollte das bedeuten, daß Mama auch Angst hatte? Vor mir? Oder wovor? Und Papa? Wir haben neulich zusammen im Fernsehen Szenen aus einer Brathähnchenfabrik gesehen. Da hingen Hunderte von flatternden Hähnchen an einer Art Fließband, das sie in eine Kreissäge transportierte, die die Köpfe abschnitt. Einfach so.

Eine Massenopferung.

Das Schlachten der Hühner auf unseren schwarzen Messen kam mir auf einmal ziemlich lächerlich vor. Was wir mit denen da gemacht haben, das war ja dagegen geradezu angewandter Tierschutz. Papa sagte, als er diese Szenen sah: »Die armen Tiere. So was gab es früher nicht. Da wurden die noch kurz und schmerzlos geschlachtet.«

Vielleicht hat Papa auch Angst. Und er traut sich nur nicht, das zuzugeben.

Alle haben Angst. Wir alle haben Angst. Aber warum spricht niemand darüber? Warum spricht niemand über dieses Gefühl, das doch jeder kennt? Warum haben Papa und Mama nie darüber gesprochen?

Bis jetzt habe ich zwei Möglichkeiten kennengelernt, wie der Mensch mit seiner Angst lebt: Die einen empfinden Mitleid, die anderen schlagen zu.

Was soll ich mit meiner Angst jetzt machen? Sie ist nämlich immer noch da. Nur mit dem Satan hat sie nichts mehr zu tun. Der ist für mich ziemlich bedeutungslos geworden. Manchmal wünsche ich mir sogar, daß ich diese Angst noch vor ihm hätte. Die machte alles einfacher. So, als könnte man seine Angst in eine Art Paket packen, von dem man genau weiß, wo es steht. Aber das geht jetzt nicht mehr. Satan ist tot. Oder er stirbt zumindest. Kann ich eigentlich ohne ihn leben? Er ist mir doch irgendwie ans Herz gewachsen. Obwohl er mir so viel angetan hat. Oder vielleicht weil?

Es tut mir irgendwie weh, Abschied von ihm zu nehmen. Aber was soll ich machen, ich kann ihn einfach nicht mehr ernst nehmen. Ihn. Ja, wen denn, zum Teufel? Nie ist er mir gegenübergetreten! Nie hat er sich getraut, sich mir zu zeigen. Sogar als er mir im Traum erschien, was war er da?

Ein Nichts.
Ein Niemand.
Leb wohl, Satan.

Nein, ich werde dich nicht vergessen. Frau Sternemann sagt ja, daß ich meine Erfahrungen als Satanistin nicht vergessen sollte. Vielleicht ist das ja auch ein Weg, mit Angst umzugehen. Ich muß nachdenken, mir alles noch einmal genau anschauen. Dieser Gedanke macht mir angst. Schon wieder.

Aber was ist diese Angst?

Woher kommt sie nur?

Vielleicht sollte ich wirklich einmal mit Papa und Mama darüber reden. Ich werde sie einfach mal fragen: Sagt mal, liebe Eltern, wovor habt ihr eigentlich Angst?

Nein, das traue ich mich nicht. Warum denn nicht? Was könnte mir eigentlich passieren? Es gibt doch keinen Grund dafür, daß ich es nicht tue. Aber warum traue ich mich nicht?

Ich habe mich in letzter Zeit sehr mit Psychologie beschäftigt. Ich habe dabei erfahren, daß sich Empfindungen und Verhaltensweisen der Eltern auf die Kinder übertragen, ganz automatisch, ganz ungewollt. Ich muß einfach mit ihnen reden. Ich werde es auch. Irgendwann. Bestimmt. Ganz sicher. Wenn ich endlich ein bißchen mehr Courage aufbringe.

Wovor habe ich nur diese Angst? Ich muß nachdenken. Ich habe Angst, wieder geschlagen zu werden. Ich habe Angst, allein zu sein. Ich habe Angst, nichts wert zu sein, ein Nichts zu sein. Wie Satan. Eigentlich habe ich nur Angst vor Gefühlen, die ich selber empfinden könnte.

Angst vor mir selbst.

Frau Sternemann meint, ich hätte mir meinen Satan erschaffen, um nicht mehr alleine sein zu müssen.

Wahnsinn.

Was mach ich jetzt mit diesen Erkenntnissen? Wie kann ich das jetzt umsetzen in mein Leben? Ich möchte gerne in Frau Sternemanns Fußstapfen treten. Kann ich das schaffen? Aber auch wenn ich das schaffe, katholisch werde ich deswegen nicht! Sie ist katholisch. Merkwürdig.

Das merkt man ihr gar nicht an.

Gerade bei den Katholiken bin ich immer vor die Wand gelaufen. Einem Pfarrer hatte ich sogar die Pistole unter die Nase gehalten und ihn um Hilfe angefleht. Die sah dann so aus, daß er mir die Pistole zurückgab. Und die Charismatiker hatten mir den Satan nur noch bestätigt, sogar versucht, ihn mir auszutreiben. Wie lachhaft kommt mir das jetzt vor.

Frau Sternemann hatte mir geholfen, obwohl sie katholisch war und nicht weil sie katholisch war. Und was ist eigentlich der Unterschied zwischen Gott und Satan?

Im Grunde ist es doch ganz gleich, woran man glaubt. Arschlöcher gibt es überall. Arschlöcher. Wenn man nur genug sucht, findet man genug Gründe, jeden für ein Arschloch zu halten. Mich selbst eingeschlossen. Und wenn man nur Arschlöcher um sich her sieht, dann ist es doch viel leichter, selbst ein Arschloch zu sein.

Großartig.

Was werde ich nun anfangen? Wie werde ich weiterleben? Ich weiß, daß ich noch sehr viel lernen muß, bevor ich wie ein gesunder Mensch leben kann. Vielleicht werde ich es nie lernen. Trotzdem möchte ich mich auf den Weg machen. Wie der aussehen wird? Ich weiß es nicht, noch nicht.

Wie werde ich Geld verdienen können? Wo soll ich leben? Ich will eine Begegnung mit den Satanisten unter allen Umständen vermeiden. Wie soll ich jetzt mit Papa und Mama umgehen? Wie kann ich überhaupt mit Menschen umgehen? Da sind noch so viele Fragen. Und was mache ich in Zukunft mit meiner Angst? Wie soll das später mal werden, wenn mein Sohn oder meine Tochter auf mich zukommt und sagt: »Mama, ich habe Angst.« Werde ich ihnen erzählen, sie sollen gefälligst keine haben, und sie mit Hopfentee ins Bett schicken?

Ich muß noch soviel lernen. Es scheint fast aussichtslos.

Wie soll ich mich dieser kranken Welt entgegenstellen?

Eigentlich habe ich bei den Satanisten doch ganz toll gelernt, mich in unserer Gesellschaft zurechtzufinden.

Ich weiß, wie man andere Menschen unterdrückt, kann dominant auftreten, schnell Geld machen und bin Weltmeisterin im Verdrängen aller Gefühle.

Ich beherrsche diese Spielregeln.

Resultat: eine angstkranke Ricarda.

Ich bin traurig.

Verflucht!

Kein Selbstmitleid, das will ich nicht!

Geweint habe ich erst mal genug. Jetzt muß einfach mal was anderes kommen.

Ich darf auf keinen Fall versuchen, meine Erlebnisse zu verdrängen, zu vergessen. Das funktioniert sowieso nicht. Jedenfalls nicht so, daß es mich gesund machen könnte.

Ich sollte weitermachen, alles aufzuschreiben. Satz für Satz. Noch einmal alles durchleben, durchfühlen, mich erinnern. Und zulassen.

Fühlen.

Hoffentlich schaffe ich das.

Wie war das noch?

Bis ich fünfzehn Jahre alt war, hatte ich mit Okkultismus überhaupt nichts zu tun. Na klar, ich hatte schon mal einen »Dracula«-Film oder die »Rocky-Horror-Picture-Show« gesehen und auch schon von alten Tanten gehört, die aus der Hand lesen können sollten, aber sonst ...

Nachbemerkung der Autorin

Alle Namen der im Buch beschriebenen Personen sind bei mehreren Stellen notariell hinterlegt worden. Falls mir, meinen Angehörigen oder meinen Freunden etwas zustoßen sollte, das nach einer Rache-Aktion meiner ehemaligen Glaubensgenossen aussieht, werden die Listen mit diesen Namen veröffentlicht.

Ricarda S.

Beratung

Die Erlebnisse der »Ricarda S.« sind bei weitem kein Einzelschicksal. So wie sie begegnen viele junge und ältere Menschen destruktiven Kulten, die ihnen weismachen, daß ihre Probleme und die der ganzen Welt gelöst werden können, wenn sie sich kompromißlos in den Dienst des Kultes stellen. Ihr Idealismus, ihre seelische Not und allzu oft auch ihre finanzielle und soziale Absicherung werden ausgebeutet für das Wohl und die Machtgelüste der Kultoberen. Abweichende Meinungen und Kritikfähigkeit werden bestraft, Kontakte zur Außenwelt geschickt abgeschnitten. Die Loslösung vom Kult wird durch die Suggestion von massiven Versagens- und Schuldgefühlen zu einem dramatischen Akt.

Das Sekten-Info Essen e. V. ist eine konfessionell unabhängige Beratungsstelle, die es sich zur Aufgabe gemacht hat, möglichst vielen Menschen, die durch destruktive Kulte in Not geraten sind, durch Rat und Tat beizustehen. Seine Mitarbeiter wollen niemandem sein Recht auf Selbstbestimmung nehmen, aber im Sinn des Verbraucherschutzes jedem Informationen an die Hand geben, die eine Entscheidung ermöglichen, die den Bedürfnissen der Ratsuchenden gerecht wird.

Sekten-Info Essen e. V.
Rottstr. 24
4300 Essen 1
Tel. (0201) 234646

Heyne Sachbuch

Heyne Sachbücher zum Thema Liebe und Sexualität

19/100

17/50

19/142

19/151

19/122

19/136

Wilhelm Heyne Verlag München